暮らしを楽しむ

部屋づくりと
インテリアの見本帖

Misa, Hanamori
chaco, なな

あなたが暮らしたいのはどんな

はじめての一人暮らし、引っ越し、模様替え。
心機一転、ワクワクするのと同時に
「どんな部屋にしたいかわからない」
「イメージはあるけど形にできない」
「自分のセンスに自信がない」……と、
悩む方も多いのではないでしょうか?

What style of room
do you want to live in?

部屋ですか？

これからの毎日を過ごす部屋が、
居心地のいい場所になるように。

この本は、

部屋づくりとインテリア選びの基本知識と
暮らしを楽しむ4名の実例を通して

理想のイメージを具体化し、
あなたの部屋づくりをサポートします。

暮らしを楽しむ4名の実例

CASE 1

Misa's HOUSE

スッキリと整う北欧風のインテリア

2014年に購入したマンション。好きなテイストのインテリアを楽しみながら、
スッキリと暮らすことがテーマです。もの選びや収納法を工夫して、
自分と家族が心地よく過ごせる仕組みをつくることを大切にしています。

HOME DATA

Size 約75㎡ **Layout** 3LDK **Area** 大阪

PROFILE

Misa

夫と2人の息子、愛犬の4人と1匹でマンション暮らし。フリーランスの整理収納アドバイザーとして活動しながら、子育てやもの選び、防災アイデアなどを日々Instagramで発信している。著書に『おしゃれ防災アイデア帖』（山と渓谷社）、『北欧テイストのシンプルすっきり暮らし』（マイナビ出版）がある。

⬛ @ruutu73
💻 https://ruutu73.com

(04)

CASE 2

Hanamori's HOUSE

2021年に入居した築35年の木造一戸建て。賃貸ですがDIYができて、内装はリノベーションされており水回りは新品です。古い家のいい部分と気になる部分を実感しながら、心地よい空間づくりを楽しんでいます。

ものと丁寧に向き合う
シンプルライフ

HOME DATA

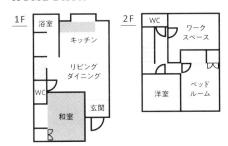

1F　浴室　キッチン　リビングダイニング　WC　和室　玄関

2F　WC　ワークスペース　洋室　ベッドルーム

Size 約83㎡　Layout 4LDK　Area 神奈川

PROFILE

Hanamori

賃貸の一戸建てに夫と2人暮らし。内装業を生業としながら、衣食住にまつわることをYouTubeやInstagramで発信。ヴィンテージの家具や雑貨など古いものの魅力を味わいながら、ときにはDIYをして理想の住まいを実現している。著書に『帰るのが楽しみになるひとり暮らしBOOK』(大和書房) がある。

[Instagram] @hanamori_884
[YouTube] https://www.youtube.com/
@hanamori8479

暮らしを楽しむ4名の実例

CASE 3

chaco's HOUSE

リノベーションした我が家の1階は、雑貨店にしているフリースペースと
土間のある玄関のみ。2階が居住スペースで、コンパクトな空間を
広く使えるように壁と天井を取り払ったLDKとロフトがあります。

大好きな雑貨でつくる
童話のような世界

HOME DATA

Size 約42㎡   **Layout** LDK+RF   **Area** 奈良

PROFILE

chaco

夫と、愛犬1匹・愛猫2匹の2人と3匹で一
戸建てに暮らしている。平日は雑貨店で働
き、不定期で自宅の1階に趣味の雑貨店
をオープン。2022年10月より夫婦ユニット
「uwanosora factory」として音楽活動を
開始。お気に入りのインテリアや日々の暮ら
しをInstagramで発信している。

📷 @chaco012
🖥 https://www.uwanosorafactory.net

暮らしを楽しむ4名の実例

CASE 4

Nana's HOUSE

憧れのカウンターキッチンと独立した寝室が気に入って入居した部屋。
約1年かけて、大好きな韓国風のインテリアを少しずつ集めてきました。
生活感を隠しながら、暮らしやすさも妥協しない部屋を目指しています。

一人暮らしの大人かわいい
韓国風インテリア

HOME DATA

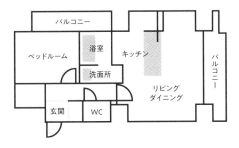

Size 約49㎡ Layout 1LDK Area 大阪

PROFILE

なな

賃貸マンションで愛猫2匹と暮らしている。
Instagram では、韓国風のインテリアを使った部屋づくりや暮らしのアイデアをはじめ、元美容部員の経験を生かしたスキンケアなどの美容情報も発信。賃貸OKのアクセントクロスや、クッションフロアを使った手軽なDIYの投稿も人気を集めている。

⬚ @make.n.room

CONTENTS

CHAPTER 1　部屋づくりとインテリアの基本

CHAPTER 2 リビング・ダイニング

CHAPTER 3 キッチン

CONTENTS

Please show me
your room.

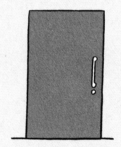

部屋づくりと
インテリアの基本

部屋づくりとインテリア選びの過程には、
多くの選択肢があります。手探りで進めて
迷子にならないように、まずは基本のテイストや
考えるべきポイントを知ることからはじめましょう。

部屋づくりの進め方

心地よく暮らせる部屋をつくるには、
自分の好みや求める条件を知ることが大切です。
3ステップでイメージを具体化して、
楽しみながら効率よく部屋づくりを進めましょう。

STEP 1 ▶

インテリアのスタイルを決める

インテリアにはいろいろなスタイルがあり、時代の流行や地域の風土などによって分類されています。自分がどのスタイルが好みなのかを知ることは、部屋づくりを進める上で重要なポイントです。ここでは、定番のものから人気のものまで、7つのインテリアスタイルを紹介します。好きなスタイルを見つけたら、「色」「形」「素材」の3つの要素に注目してみてください。これらを把握しておくと、統一感のあるコーディネートがしやすくなります。

スタイルの3つの要素

color   *shape*   *material*

色 & 形 & 素材

同じ色でも明るい・暗い、淡い・濃いなど調子の違いがあり、与えるイメージが変わります。色の数や組み合わせ、空間を占める割合も全体の雰囲気を決める大切な要素です。

家具・照明などの輪郭や装飾を指します。直線か曲線か、骨太か華奢か、規則的か不規則か。形によってインテリアの印象が変わるのでスタイルに合うものを選びましょう。

家具の素材は、木や植物、石などの自然素材と、プラスチックやステンレスなどの人工素材の2種類です。スタイルに合った素材を選ぶことで、そのスタイルらしさがグッと高まります。

natural

ナチュラルスタイル

自然の温もりとさわやかさを感じる
年代を問わず人気のスタイル

色 / やさしい ナチュラルカラーが主役

白やベージュなどのナチュラルカラーをベースに、グリーンの観葉植物やアースカラー※のファブリックで彩りをプラスします。

形 / シンプルな直線と 曲線を織り交ぜる

装飾の少ないシンプルで直線的な形で、比較的に華奢な印象。ポイントで曲線を取り入れると、よりやわらかな雰囲気になります。

素材 / 素材感を生かした マットな仕上げ

家具は明るい色の木材を使い、素材感を残しながらマットな質感で仕上げたものを。ファブリックは木綿や麻などの天然繊維が◎。

KEY ITEM

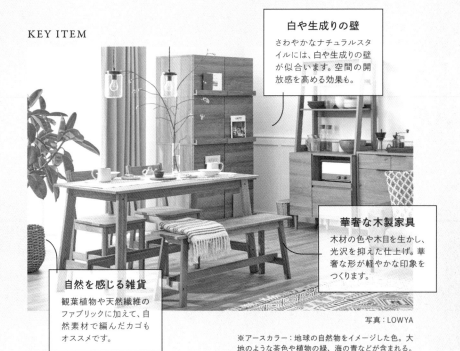

白や生成りの壁

さわやかなナチュラルスタイルには、白や生成りの壁が似合います。空間の開放感を高める効果も。

華奢な木製家具

木材の色や木目を生かし、光沢を抑えた仕上げ。華奢な形が軽やかな印象をつくります。

自然を感じる雑貨

観葉植物や天然繊維のファブリックに加えて、自然素材で編んだカゴもオススメです。

写真：LOWYA

※アースカラー：地球の自然物をイメージした色。大地のような茶色や植物の緑、海の青などが含まれる。

country

カントリースタイル

のどかな田舎の家を彷彿とさせる
素朴な温かみのあるスタイル

色 / ヴィンテージ感のある くすんだアースカラー

古い木やレンガのような深みのある茶色や、石の黒、かすれたような白や淡いベージュが、田舎風の落ち着きと温もりを感じさせます。

形 / ずっしりとした存在感と 昔ながらの装飾がポイント

輪郭は直線的で、骨太なずっしりとしたつくりが特徴。テーブルやイス、棚の取っ手や扉に伝統的な装飾が施されたものも多いです。

素材 / 木材とレンガ・金属など 硬質なものを合わせる

木目の目立つ木製家具がメイン。テラコッタ※タイルやレンガ、真鍮、アイアンなどを取り入れると、より重厚感がアップします。

KEY ITEM

骨太な木製家具
節や木目を生かして、自然塗料や白・緑のペイントで仕上げたもの。取っ手がアイアンや真鍮だと◎。

柄物のファブリック
布製品を置く場合は、天然繊維でチェック柄や花柄ものが、田舎風な雰囲気にマッチします。

白い家具や雑貨
空間に抜け感を出すのに効果的。白の割合が多いコーディネートはフレンチカントリーと呼ばれます。

写真：LOWYA

※テラコッタ：イタリア語で「焼いた土」を意味する言葉。建築材料では、茶色がかったオレンジ色の素焼陶器。

modern

モダンスタイル

無駄のないフォルムと硬質な
素材感が特徴の都会的なスタイル

色 / 無彩色に 差し色を1〜2色使う

白や黒、グレーなどの無彩色をベースにして、赤・黄・緑などの有彩色を1〜2色、差し色として加えます。

形 / 直線と曲線で スタイリッシュに

無駄をそぎ落としたミニマルなフォルムがポイント。シャープな直線と曲線を用いたインテリアが、空間をクールに演出します。

素材 / 硬質な人工素材の 光沢や透明感

プラスチック・ガラス・ステンレスなど、光沢や透明感のある素材がメイン。観葉植物や木材をアクセントにするのもオススメ。

KEY ITEM

木製の家具と植物
無機質な中に自然素材を取り入れてアクセントに。木は木目がスッキリしたものがオススメ。

ミニマルな家具
人工素材の硬質で光沢のある質感と、脚が細くて重心が高い緊張感のあるフォルムが特徴です。

ガラスの家具や雑貨
ガラスのテーブルやライト・鏡などの透明感のあるアイテムは、空間に軽やかさをプラスします。

写真：LOWYA

korean

韓国風スタイル

シンプルな中に遊び心を効かせた
ナチュラルテイストのスタイル

色 / 白やアイボリーなどの やさしい色合い

白やアイボリーなどのナチュラルカラーをベース
に、グレーなどくすんだ淡色を取り入れて、全
体をやわらかい色調でまとめます。

形 / ミニマルなフォルムに 遊びを加える

ミニマルで直線的な家具に、不規則な曲線を
用いた個性的な雑貨を合わせます。つくりはシン
プルで華奢な印象のものが多いです。

素材 / 自然×人工で 都会的な癒やし空間に

ナチュラルスタイル（P.15）に、大理石柄やプ
ラスチック、ガラスなどの硬質な人工素材を合
わせて、スタイリッシュな雰囲気をプラスします。

KEY ITEM

ドライフラワー
ドライフラワーのブーケや
パンパスグラスなどの植
物が、ナチュラルカラー
の空間にマッチします。

個性的な形の雑貨
ウェーブミラーやマット
な質感のフラワーベー
ス、キャンドルなどが
定番のアイテムです。

自然素材の家具
明るい色味の木製家具や
ラタン素材※のものなど。直
線的かつシンプルで、華奢
なつくりが似合います。

写真：LOWYA

※ラタン素材：ラタン（籐）という植物を使ったもの。
竹や木よりもしなやかで、複雑な曲線加工が可能。

scandinavian

北欧風スタイル

有機的なフォルムが印象的な
モダンかつ温かみのあるスタイル

色 / 北欧の自然を感じる ナチュラルカラー

白・生成りの他、木の茶色や植物の緑・湖の青など北欧の自然を感じさせる色に、アクセントでビビッドカラー※を加えるのがポイント。

形 / シンプルながら 温かみを感じる

装飾のないシンプルなつくりと、自然にある形をモチーフにした人工的な曲線が特徴。モダンな雰囲気と温かみをあわせ持ちます。

素材 / 自然素材を基調に 人工素材も取り入れる

明るい色味の木材から、深みのある古い木材までさまざまです。天然繊維や自然素材の中に、陶器やプラスチックの雑貨が映えます。

KEY ITEM

デザイン性の高い照明
冬の日照時間がとても短い北欧は照明へのこだわりが強く、個性的なデザインのものが多くあります。

北欧風の家具
シンプルでなめらかな曲線が目を引く北欧風の家具。木のぬくもりが感じられる飽きのこないデザインは、日本の住宅とも親和性が高いです。

遊び心のある雑貨
北欧の冬は長く厳しく、室内ですごすことが多いため、鳥や植物をモチーフにした遊び心のある雑貨で目を楽しませます。

写真：IDC OTSUKA

※ビビッドカラー：原色や蛍光色などの鮮やかで冴えた色のこと。

industrial

インダストリアルスタイル

無機質な素材に異素材を合わせる
ヴィンテージ感のあるスタイル

色 / 使いこまれたような 味のある深い色

金属やコンクリート、タイルなど無機質な素材の色と、古木やレザーなどの深い茶色の組み合わせに、緑で軽やかさをプラスします。

形 / 装飾がなく機能的で 重厚感がある

機能的で骨太などっしりとしたフォルム。金具をとめるボルトなどがむき出しになった、武骨でかっこいいデザインが特徴です。

素材 / 異素材ミックスで メリハリを効かせる

硬質な人工素材と木材やレザーなどの自然素材をミックス。それぞれの素材をそのまま生かして、質感で空間にメリハリをつけます。

KEY ITEM

レザーの家具や雑貨
オイルが染みたような光沢のあるレザーのソファやクッションは、重厚感のある空間にぴったり。

スチールの家具
メタリックなスチールの家具は、工場や倉庫のような無機質な雰囲気をアップさせてくれます。

木材×アイアンの家具
ユーズド感のある木材とアイアンやスチールを合わせた、このスタイルの象徴的なデザインです。

観葉植物やカーキの雑貨
ダークトーンの差し色として有効な、観葉植物やカーキの雑貨。ほどよい抜け感をプラスします。

写真：LOWYA

classical

クラシカルスタイル

ヨーロッパの伝統様式からなる
格調高く華やかなスタイル

色 / 深みのある上品な ダークトーン

木やレザーの茶色や緑、ネイビー、えんじなど、落ち着きのあるダークトーンが主役。歴史と気品が感じられます。

形 / 伝統的な装飾と 左右対称の美しさ

様式固有の曲線的な装飾が施された華やかさが特徴。ずっしりと重厚感があり、左右対称のデザインや配置になっています。

素材 / 硬質で光沢がある 高級感のある素材

木材・レザーは塗装や磨きによる光沢があるものを。真鍮や大理石など高級感のある素材や、伝統的な柄のファブリックが似合います。

KEY ITEM

きらびやかな照明
ゴージャスなシャンデリアやメタリックな素材を用いたライトは、エレガントな空間に欠かせません。

華やかな装飾の家具
スタイルの典型といえる装飾が、空間を華やかに演出。アンティークの落ち着いた佇まいもポイントです。

柄物のファブリック
花や植物をモチーフにした柄物のファブリックがオススメ。ベロアなど光沢のある生地も相性がいいです。

写真：IDC OTSUKA

ライフスタイルを振り返る

毎日過ごす空間だから、おしゃれさだけを優先するわけにはいきません。大切なのは、ライフスタイルに合った機能とデザインの丁度いいバランスを見極めることです。家族の人数や年齢、家での過ごし方、持ち物の量、掃除の習慣など。一つひとつに向き合うと、家具の素材・サイズ・配置などの条件が見えてきます。下の項目にそってライフスタイルを振り返り、部屋づくりにおける自分のものさしを持ちましょう。

POINT

1. 家族の人数と年齢

家族が集まるリビング・ダイニングの家具は人数に合ったサイズを購入する必要があります。来客の多い家であれば、ゆとりのある大きさのものや伸縮できるものを選ぶのがオススメ。また、小さい子どもやペットがいる場合は、傷の目立たない素材が使いやすいです。

2. 部屋での行動パターン

毎日繰り返す行動を遮らないような家具の配置（P.26）を心がけましょう。例えば、家族の動線にものがないか、家事にムダな動作が加わっていないか、道具の定位置があるか。行動を整理してものの場所を整えると、暮らしやすく散らかりにくい部屋になります。

3. 持ち物の量

衣類や食器、子どものオモチャ、趣味の道具など、持ち物の量に見合った容量の収納がなければ部屋は散らかってしまいます。使う人がしまいやすい収納（P.31）を用意すると同時に、そこに収まらないものは処分するなど、ものの適正量を測る基準としても活用しましょう。

4. 掃除の習慣

こまめな掃除が難しい場合は、凹凸が多い家具や見せる収納を避け、家電も手入れが簡単なものを選ぶときれいに使い続けられます。また、壁や家具同士の間に隙間をつくらない、もしくは掃除道具が入る幅を確保すると、掃除がしやすくなり汚れがたまりにくいです。

予算に応じて優先順位を決める

引越しや模様替えのとき、十分な予算がない場合もあるでしょう。だからといって「とりあえず」で、ものを購入するのはオススメできません。使いにくかったり、気に入らずにすぐ買い替えることになったりしては、余計に出費がかさんでしまいます。理想の部屋を完成させるため、優先順位を考えて徐々にインテリアを揃えていくことが大切です。時間をかけて手に入れたものには愛着が湧き、好きなものに囲まれた暮らしは心を豊かにしてくれます。

POINT

1. 予算を把握する

首都圏で賃貸物件に入居する場合、初期費用はおよそ家賃の4.5〜5カ月分※。他にも荷物の量や距離に応じて引っ越し費用がかかります。インテリアの購入にあてられるのは、総予算からそれらを引いた金額です。

※参考：不動産情報サイトSUUMO

2. 優先順位をつける

インテリアの中で優先順位が高いのは、ベッド（布団）、テーブル、カーテンです。その他のものは暮らしながら、必要性を強く感じるものから揃えます。おしゃれな照明や観葉植物は後回しにしましょう。

3. こだわるものを絞る

すべてにお金をかける必要はありません。シーズンもののファブリックや雑貨など、使用期間や頻度の少ないものの金額は抑えるなど、価値観に合ったルールを決めて本当に欲しいものに予算を使います。

MEMO

DIYでコストを削減する

持ち物を見直して、使えそうなものはDIYで好みにアレンジするのも得策です。棚の色を塗り替えたり、テーブルの天板や脚をつけ替えたり、手軽なことからチャレンジしましょう。

部屋づくりの3つのルール

部屋づくりをする上で、知っておきたいルールについて解説します。
もちろん「自分好み」が最優先ですが、
インテリアを買うときやレイアウトに迷ったら
思い出してみてください。

RULE 1

色は3要素の配分が大切

色は部屋の雰囲気を決める大切な要素です。色数が多すぎるとごちゃごちゃした印象になり、色を揃えすぎると単調になってしまいます。カラーコーディネートで重要なのは、3つの要素をバランスよく配分すること。ベースカラー・メインカラー・アクセントカラーを70%・25%・5%の割合で配分すると、目指す部屋のイメージが伝わりやすく、統一感がありながらメリハリの利いた部屋に仕上がります。

色の配分

ベースカラー	メインカラー	アクセントカラー
70 %	25 %	5 %

ベースカラー 70%

床や壁・天井などに使う色です。印象を大きく左右する要素で、簡単に変えることができないので、強いこだわりがない限りは飽きの来ないナチュラルカラーがオススメです。

メインカラー 25%

大型の家具やカーテン・ラグなどのファブリックに使う色です。ベースカラーの次に面積が大きく、部屋の個性を表現するのにぴったり。季節ごとにファブリックの色を変えるのも◎。

アクセントカラー 5%

クッションやウォールデコ、雑貨など小さなものに使う色です。コーディネートにメリハリをつける重要なポイントなので、思い切って目が引きつけられる色を選びましょう。

色のイメージを生かす

色には万人が連想する共通のイメージがあります。
色のイメージを「部屋でどう過ごしたいか」「どんな印象の部屋にしたいか」
という理想に当てはめて、インテリア選びに活用してみてください。

色のイメージ例

赤 情熱・活動的・食欲増進
目を引く赤は、アクセントカラーに
オススメです。人が集まるリビング・
ダイニングに取り入れてみて。

黄 元気・希望・集中力UP
部屋を明るい雰囲気にしたいとき
に◎。集中力が高まる心理効果も
あるので、子ども部屋にも。

緑 自然・安定・リラックス
植物を連想させる緑は、癒やし効
果があります。ゆったりと過ごした
いリビングやベッドルームに。

青 冷静・知的・さわやか
クールで落ち着きのある印象。静
けさとさわやかさがあり、ベッドル
ームにも向いています。

ピンク やさしさ・華やか・緊張緩和
やわらかな印象で緊張を緩和し、
穏やかな気持ちにさせてくれます。
華やかさの演出にも効果的です。

白 清潔・ピュア・スッキリ
どんな色にも合わせやすい、ベー
スカラーの定番です。清潔感があ
るので、サニタリールームにも。

基本の配色パターン

配色とは、色と色の組み合わせのこと。これによって空間のイメージは
ガラリと変化します。基本の4パターンをマスターして、部屋づくりに生かしましょう。

同系色

同じ色の濃淡でまとめる方法です。単調になりや
すいので、素材や柄でメリハリをつけます。

同一トーン

トーンとは色の鮮やかさと明るさのこと。複数の
色を使ったコーディネートでもまとまりやすいです。

類似色

赤とオレンジ、黄緑と緑など、似ている色の組み合
わせです。ナチュラルで落ち着いた印象になります。

反対色（補色）

対立する性質をもつ色のこと。赤と青緑、黄緑と紫
などが反対色の関係で、色同士が引き立て合います。

生活動線を把握する

動線とは、室内の人が通るルートのことで、部屋の形や家具の配置
によって決まります。動線が整うことで行動がスムーズになり、暮らし
やすい部屋になります。洗濯・炊事・掃除など、毎日の家事の動線
を振り返り、最短ルートに人が通れるスペースを確保しましょう。

POINT

1. なるべく行き止まりをなくす

行き止まりのない配置がもっとも移動しやすいです。特に家族が集まる
ダイニングテーブルやソファのまわり、洗濯物を干すベランダまでの通り
道には、十分なスペースを確保します。

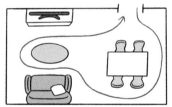 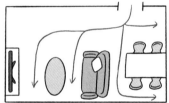

2. 人が通れるスペースを空ける

1人が正面を向いて通る
ときに必要な幅は、55〜
60cm。横向きに通る場合
には45cm程です。正面を
向いて2人がすれ違う場合
には、110〜120cmの幅
が必要になります。

1人で通る　　　2人ですれ違う

55〜60cm　　　110〜120cm

部屋の景色を整える

部屋の入口から見える景色は、全体の印象を決める大切なポイントです。
家具の配置によっては実際よりも狭く見えたり、スタイルや色味に気をつけ
ているのに、ばらついて見えてしまうことも。以下の3つを参考に景色を整
えると、部屋の印象がアップします。

POINT

1. 視界を遮らない

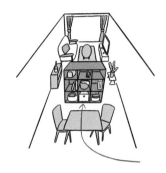

入口からの視線を遮る場所に大きな
家具を置いてしまうと、圧迫感がでて
部屋が狭く感じます。奥まで視線が抜
けるように、背の高い家具は壁際にそ
って配置し、中央付近には目線より
低い家具を置きましょう。

2. 家具の高さや奥行きを揃える

隣り合う家具に高低差があったり、家
具の奥行きがばらついたりすると、雑
然とした印象になってしまいます。隣
り合う家具はなるべく高さを揃え、奥
行きの浅い家具は壁から離して、手前
のラインを揃えるとスッキリします。

3. 一カ所に家具をまとめる

家具はまんべんなく配置するのではな
く、一カ所にまとめて余白をつくると、
視線の置き場が安定して落ち着く空間
になります。また、入口の正面の壁や
家具に、雑貨やアートなどを飾ると垢
抜けた印象に。

インテリア選びは「どのように使うか」をイメージするのが近道です。
置く部屋の広さや使う人数、誰が使うか、何のために使うかなど、
シーンを想定して条件を整理していきます。

空間に合う種類

家具には、それぞれ用途や機能の異なる複数の種類があります。主
な家具の種類を比較して、自分が求めているのはどのタイプかを見極
めましょう。名称がわかるとお店やWebでも探しやすいです。

[_Table_
テーブル
写真：LOWYA]

ダイニングテーブル

食事をする際にイスに座って使うテーブル。天板の
長さを調整できるタイプもあります。

ローテーブル

ソファや床に座って使うテーブル。ダイニングテーブ
ルに比べて低いため、部屋が広く見えます。

サイドテーブル

ソファやベッドの横に置く小さなテーブル。本や飲
み物などを一時的に置くのにぴったりです。

デスク

仕事や勉強をするテーブル。パソコンの置き場やノ
ート・資料を広げる余裕があるかを確認しましょう。

ダイニングチェア

ダイニングで使用するイス。テーブルの天板と座面の高さの差は、27〜30cm が座りやすいです。

アームチェア

肘かけがついていて、くつろぎやすいです。ダイニングで使う場合は、テーブルの下に入るか要確認。

スツール

背もたれがないイスのこと。コンパクトなので、キッチンで軽く腰かけるときなどに重宝します。

ワークチェア

仕事や勉強の際に使うイス。昇降機能やロッキング機能など、疲れを和らげる工夫がされています。

アームソファ

最もスタンダードなソファ。肘かけは枕や背もたれとしても活用でき、くつろぎやすいです。

カウチソファ

足を伸ばして座れる部分があるソファ。寝転ぶこともできるので、より自由な姿勢で過ごせます。

bed
ベッド

写真：LOWYA

フロアベッド

マットレスを置く床面が低いので、部屋に開放感が出ます。落下が心配な子どもにもオススメ。

写真：LOWYA

脚つきベッド

床面に脚がついたタイプ。床との間に空間が空くので通気性がよく、見た目はスッキリした印象です。

写真：ニトリ

収納つきベッド

床面の下に収納があるタイプ。空間を有効活用できるので、狭い部屋や収納の少ない部屋にぴったり。

写真：ニトリ

脚つきマットレスベッド

マットレスとベッドフレームが一体化したタイプ。見た目がスッキリしていて、比較的安価です。

写真：LOWYA

ロフトベッド

床面が高くなっていて、下にデスクやソファ、収納棚などを設置できます。狭い空間を効果的に使えます。

写真：LOWYA

ソファベッド

ソファとしても使えるベッド。主に、座面を引き出すタイプと背もたれを倒すタイプがあります。

棚（収納）

写真：LOWYA

シェルフ

一般的に扉がなく、飾る収納向けの棚。背板がないタイプは、部屋の仕切りにしても開放感があって◎。

本棚

本を収納する棚。文庫本・単行本・雑誌など、何をしまうかで奥行きや棚板の高さを選びましょう。

キャビネット

扉や引き出しがついた棚で、隠す収納に向いています。中のものにホコリや汚れがつきにくいです。

カラーボックス

シンプルな構造で縦置きも横置きも可能。安価なものが多いが、耐荷重が小さい場合があるので注意。

キッチンラック

調理家電やキッチンツールをしまう棚。置くものや場所に応じて、耐荷重や耐火性を確認しましょう。

シューズボックス

靴の収納に特化した棚。来訪客が最初に目にする家具なので、機能はもちろんデザインも大切です。

POINT 2

サイズと使いやすさ

色やデザインが好みでも、サイズが合わなかったり使いにくかったりするとストレスがたまります。家族の人数や使い方を考慮して、適切なサイズと機能を選ぶことが重要です。ここでは、大型家具のダイニングテーブル、ソファ、ベッドの❶サイズ目安と❷使い心地にかかわるポイントを紹介。あくまで一般的な指標なので、Webで買う場合でも一度店舗に足を運び、使用感を確かめることをオススメします。

ダイニングテーブル ▶

❶ 1人あたりが食事で使うスペースは横幅60〜70cm、奥行き40〜50cm程度。これに座る人数をかけて、ゆとりを加えたサイズが目安です。

❷ 毎日使うダイニングテーブルは、素材にもこだわったものを。オイル仕上げの無垢材は経年変化を楽しみながら長く使い続けられます。子どもやペットのいる家庭などで傷や汚れが気になる場合は、ウレタン塗装仕上げを選ぶと手入れがラクです。

ソファ ▶

❶ 1人掛けアームソファの幅は70〜100cm。2人掛けは130〜180cm、3人掛けは190〜240cmが標準サイズです。座面の奥行きが60cm前後あると、リラックスした姿勢で座れます。

❷ 大型のものは、部屋に運べるかの確認が重要。廊下の幅や入口の大きさなど、搬入経路も採寸しておきましょう。お手入れが一番簡単な素材は人工革。デザインの選択肢が広いファブリックは、撥水加工がされているものや、カバーを外して洗えるものが便利です。

ベッド ▶

❶ シングルの幅は97〜110cm、セミダブルは120〜125cm、ダブルは140〜160cm、クイーンは160〜180cm。長さはどれも195〜210cmが標準サイズです。2人以上で使う場合は、寝返りをすることも考えて余裕のあるサイズを選びましょう。

❷ 床面がすのこのものは、通気性がよくカビが発生しにくいです。ヘッドボードがあるとスマホや目覚ましを置けて便利。照明やコンセントがついたものもあります。

個性をプラスするアイテム

必要なインテリアが揃ったら、部屋の個性を表現するアイテムにも挑戦して
みましょう。置物やアートなどもいいですが、ここでは観葉植物と照明につ
いて紹介します。観葉植物は、幅広いスタイルにマッチしやすく、さわやか
さがプラスされます。照明は実用性と演出性の両面から検討して、部屋と目
的に合ったものを選びましょう。部屋全体を明るくする主照明と、部分的に
光を補う補助照明を併用するのが基本です。

plants
植物

写真：観葉植物通販
-AND PLANTS
（アンドプランツ）

パキラ

部屋のシンボルツリーに。生命力が強く初心者に
オススメです。直射日光は避けて日当たりのいい
場所に置き、水やりは土の表面が乾いたら。冬は
土の表面が乾いてから2〜3日後に水をやります。

モンステラ・アダンソニー

葉が大きく、一鉢で存在感が出ます。日陰でも
育ちますが、寒さにはやや弱いので室温が5℃
以下にならないように気をつけましょう。水やり
のタイミングはパキラと同様です。

ウスネオイデス

天井や壁に吊るすのに適しています。風通しの
いい場所に飾り、1週間に1〜2回、夕方から夜
の時間帯に霧吹きで水を吹きかけます。月に1
度は、数時間水に浸しましょう。

ドライフラワー

天井や壁に吊るしたり花瓶に挿したりすると、部
屋がおしゃれな雰囲気に。世話はほぼ必要あり
ませんが、直射日光と湿気を避け、ホコリがたま
らないように気をつけましょう。

lighting equipment
照明器具

写真：LOWYA

シーリングライト

天井に直接取りつけるタイプで、主照明として使用。
リビングや寝室など幅広いシーンにマッチします。

写真：LOWYA

ペンダントライト

天井から吊り下げるタイプで、空間のアクセントに。
ダイニングの食卓を照らす役割でよく使われます。

写真：LOWYA

スポットライト

天井に取りつけ、置物やアートを強調します。複数
で多方面を照らせば、主照明としても使えます。

写真：LOWYA

スタンドライト

部屋の角やベッドサイドに置いて使う補助照明です。
大きなものはフロアライトといいます。

写真：ニトリ

テーブルランプ

ベッドサイドなどで手元を照らすのに便利。部屋の
アクセントとしても役立つ補助照明です。

写真：LOWYA

デスクライト

デスクで使う補助照明です。利き手の反対側に
設置すると、手元の影が気になりません。

CHAPTER **2**

リビング・ダイニング

ここからは、著者4名が暮らす空間をエリアごとに
紹介します。はじめは、リビング・ダイニング。
家族構成や過ごし方に合わせたインテリア選びや
収納テクニックに注目です。

リビング・ダイニングの基本ポイント

家族でだんらんしたり、来客をもてなしたりする
リビング・ダイニングは、ゆったりと過ごせる空間づくりが大切です。
部屋の広さや電源・家電の位置を考慮して、家具の配置を決めましょう。

POINT 1

家具の配置にかかわる条件を把握する

ダイニングテーブルやソファなど大型の家具を購入するときは、部屋の扉から
搬入が可能かどうか確認するのを忘れずに。また、テレビ台やフロアランプな
ど、近くに電源が必要な家具は、優先的に置き場所を決めておきます。エア
コンの位置にも要注意です。エアコンの正面にソファなどを置いて居場所をつ
くると、風が直接体に当たってしまいます。エアコンに対して直角の位置に配
置するか、距離をなるべく離すのが過ごしやすさのカギです。

✓ CHECK POINT

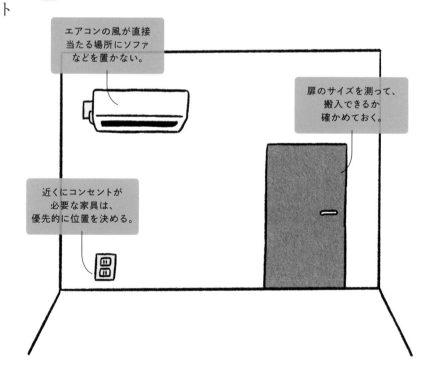

エアコンの風が直接
当たる場所にソファ
などを置かない。

扉のサイズを測って、
搬入できるか
確かめておく。

近くにコンセントが
必要な家具は、
優先的に位置を決める。

ゆったり過ごせる配置の目安

人が集まるリビング・ダイニングは、自然と家具の数が多くなり、動線も複雑になります。人数に合わせた家具を用意しても、家具同士の間隔が十分にとれていないと落ち着くことができません。特にダイニングテーブルとソファのまわりには、ゆったりくつろいだり移動したりできる十分なスペースを設けることが大切です。部屋の広さ的に難しい場合は、1つのテーブルをリビングとダイニングで兼用したり、ソファをなくしたりすることを検討しましょう。

テーブルまわりの間隔

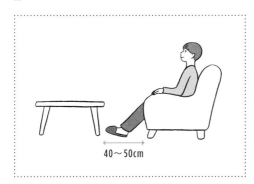

40〜50cm

ローテーブル と ソファ

家庭のリビングに相応しい、座面が低いカジュアルなタイプのソファの場合、足を伸ばして座れる45〜50cm程度のスペースが必要です。

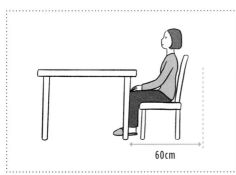

60cm

ダイニングテーブル と チェア

ダイニングチェアを引いて座るのに必要なスペースは約60cm。座っている人の後ろを通るには、1m以上の間隔を空ける必要があります。

MEMO | **コンパクトなリビングなら サイドテーブルが便利**

ローテーブルとソファを置くスペースがない場合は、サイドテーブルがオススメです。飲み物や本などを置くのに便利で、折り畳み式なら使わないときはしまっておけます。

LIVING & DINING

CASE 1

Misa's HOUSE

好きなテイストと 過ごしやすさを両立した 家族の心地よい居場所

　家族がくつろぐリビング・ダイニングは、北欧ヴィンテージのインテリアを中心に、ファブリックで深みのある色を取り入れて落ち着く空間に。部屋がコンパクトなので、なるべく開放感がでるように、背の低い家具で揃えています。脚つきのものを選んで床が見える面積を増やしているのも、広く見せるポイントです。

　スッキリとした見た目はもちろん、家事のしやすさも大切にしています。掃除の手間を減らすため、見せる収納は最小限に。家族みんなが使うリモコンや文房具は、しまう場所を決めて使ったら必ず戻すルールにしました。個人の持ち物も人ごとに収納スペースを設ければ、出しっぱなしを見つけたときに、しまう場所に迷うことがなくて片づけがスムーズです。

　子どもの年齢が上がると、散らかるものや場所、家の過ごし方も変化します。そのときどきで家族と相談しながら、心地よい部屋づくりを続けたいです。

ROOM DATA :

Size　27.4㎡+7.4㎡

Taste　北欧風スタイル

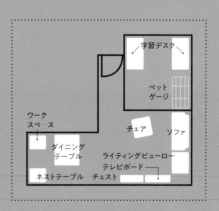

飾る食器は季節ごとに入れ替えています。今は
秋冬バージョンの深い色味で揃えました。

1

見せる収納が魅力の
温かみのあるインテリア

北欧ヴィンテージのライティングビュー
ロー※は、収納と飾り棚を兼ねていると
ころが◎。引き出しには、家族の私物
を人ごとに段をわけて入れています。

※ライティングビューロー：机と棚が組み合わさった家具。机の天板は引き出して使う仕組みになっている。

子どもの読書を習慣化するために、一番取り出し
やすい場所に本を収納しています。

2

北欧風にオーダーした
テレビボード

オーダーメイドのテレビボードも北欧
風のデザインに。使いこんだような味
のある素材感と、取っ手のデザインに
こだわりました。

3

和室のふすまを外して
リビングの一部に

隣接する和室には、子どもの
学習机とペットのケージがあり
ます。すべてシンプルなデザイ
ンのものを選び、アクセントで
ポップなカーテンを押し入れの
目隠しとして設置しました。

ネストテーブルは、スマホ・タブレットの充電ス
ペースとメイク道具などの置き場に。細かいもの
の収納にはカゴがぴったりです。

4

コンパクトなサイズ感も
北欧家具の魅力

ダイニングの端には、北欧ヴィンテー
ジのネストテーブルを置きました。小
ぶりなサイズ感がかわいいです。空い
た上のスペースには棚をつけて、落ち
ても安全な軽いものを収納しています。

LIVING & DINING

CASE 2

Hanamori's HOUSE

古民家カフェのような ゆったりと過ごせる 癒やしの空間

鎌倉の古民家カフェの雰囲気を参考にしたダイニングルームの主役は、どっしりとした重厚感のあるテーブルと、大きな丸い照明です。我が家は玄関を入るとすぐにダイニングという間取りなので、最初に目に入る場所に置くものは、特にこだわりたいと思いました。テーブルは2人で使うには少し大きめのサイズですが、部屋に置いたときのボリューム感を重視してセレクト。友人が遊びに来たときも広々と使えます。満月のような丸い照明は、存在感のある大きさと和紙を通したやわらかい光がお気に入りです。

ダイニングと続き間になっている和室には、好きな本をたくさん置いて、リビングのようなくつろぎスペースとして使っています。座り心地のいいアウトドアチェアでゆっくりと本を読んだり、畳の上に寝っ転がって、気がつくと昼寝をしていることも。はじめは和室の使い方に迷いましたが、暮らしてみると心地よく生活になじみました。

ROOM DATA :

Size　21.4㎡ + 9.9㎡

Taste　インダストリアルスタイル

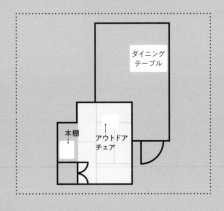

ダイニングテーブル

本棚

アウトドアチェア

3
P.45

2
P.44

1
P.44

4
P.45

1

一点もののテーブルは
素材感がポイント

天板は古材を集めてつくられてい
て、深みのある色と少し凸凹して
いるところが愛おしいです。温も
りのある木とアイアンの相性も◎。

2

同じ色味で合わせた
デザインの違うイス

右の一人暮らしのころから使って
いるアーコールチェア※は、古材の
テーブルに似合っています。左は
夫用のイスで、色味が合うものを
選びました。

※アーコールチェア：イギリスの老舗家具メー
カー・ERCOL（アーコール）社のイス。曲木
を用いたデザインが特徴。

③
洋室にも和室にも合う
温もりを感じる照明

ランダムに配列された竹枠の
曖昧さが、個性的なヴィンテ
ージ家具にもマッチします。作
り手から直接購入したお気に
入りの一品です。

④
和室につくった
小さな図書館

押し入れのサイズに合わせて
本棚をDIYしました。装丁が
好きな本は表紙を正面に向け
て、書店みたいにレイアウトを
楽しんでいます。

LIVING & DINING

CASE 3

chaco's HOUSE

テーマは森の中の純喫茶。
おうち時間が充実する
愛用品に囲まれた部屋

　我が家のリビング・ダイニングはコンパクトですが、お気に入りのものに囲まれながら快適に暮らせる空間づくりを心がけました。特に意識したのは、全体の配色と家具のサイズ感です。

　ものをたくさん置きたいので、ごちゃついた印象にならないように、色は3要素にまとめています。漆喰で塗った白い壁と床や建具の茶色などのナチュラルカラーを基調に、黄色やピンクの小物でポップさをプラスするのが好きなバランス。鮮やかなものより、アンティークの木の深い色やくすんだ色味に惹かれます。

　家具は背が低くて奥行きの浅いものを選んで、圧迫感を抑えました。一点ものが多いアンティーク家具の中で、デザインもサイズ感もぴったりのものと出会うには運と根気が必要。夜な夜なアンティークショップのWebサイトをパトロールして見つけた家具たちは、使い続けるほどに愛おしさが増していきます。

ROOM DATA :

Size　**25.2㎡**

Taste　**カントリースタイル**

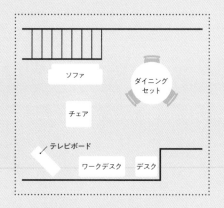

2
P.48

3
P.48

1
P.48

5
P.49

4
P.49

1

純喫茶気分を味わえる
お気に入りのイス

純喫茶にあるようなレトロな佇まいに
一目惚れしたアーコールチェア。座面
が深くて背もたれが高めなので、ゆっ
たり腰かけられます。

2

吊り下げインテリアで
吹き抜けの空間を活用

吹き抜けの天井には、自作したスワッ
グとラタン素材の照明器具を。木の枝
も吊り下げて、童話の森のような世界
をイメージしました。

3

ソファのまわりには
好きなものを集めて

長い時間を過ごすソファのま
わりは、「好き」が詰まった
空間に。DIYした飾り棚の
主役は、素朴な雰囲気がた
まらないクマの置物です。

ソファは真ん中で2つにわけて1人がけとしても使用可能。
シーンに合わせて形を変えて、長く使い続けたいです。

 4

ダイニングになじむ
サイズ感と色・素材

ダイニングテーブルは、ずっと憧れて
いたアルテックのもの。邪魔にならな
いサイズ感で、素材や色も我が家の
キッチンにぴったりです。

 5

引き出し収納で
生活感を隠す

引き出しの数字がかわいい
アンティークの棚には、日用
品をしまっています。お気に
入りのコーヒーグッズは、上
に並べて見せる収納に。

LIVING & DINING

CASE 4

Nana's HOUSE

無機質だけど個性的。
淡色×木目調の
大人かわいいインテリア

韓国のインスタグラマーのお部屋を参考にして揃えたインテリアは、一見無機質だけどフォルムに個性を感じるものが多いです。アーチ型がかわいいマントルピースや脚がしなやかにカーブしたプリーツシェードランプなどは、置くだけで空間が垢抜けるアイテムだと思います。

一人暮らしなので家具はコンパクトなものを選び、テーブルは1つでダイニングとリビングでの用途を兼ねています。色は白やベージュ、明るい木目で揃えて、視覚的に部屋を広く見せる工夫も。キャットタワーやケージ・猫のオモチャも、部屋になじむ淡い色のものを探しました。

部屋のアクセントとして愛用しているのが、シールタイプの壁紙です。今は2カ所に淡いグリーンの花柄とくすみグリーンの無地を貼っています。簡単に貼れてきれいに剥がせるので、賃貸でも使えるのがいいところ。部分的に壁の印象を変えられるので、色や柄も取り入れやすいです。

ROOM DATA :

Size   24.9㎡

Taste   韓国風スタイル

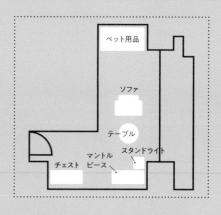

ペット用品

ソファ

テーブル

スタンドライト

マントルピース

チェスト

5
P.53

4
P.53

2
P.52

3
P.53

1
P.52

リビング・ダイニングのドア付近

1

雑貨のレイアウトは
高低差でメリハリを出す

リビング・ダイニングに入ってすぐ
右手にあるチェスト。雑貨は、左右
と中央で高低差を出してメリハリの
ある並びにするのがポイントです。
床に置いたウェーブミラーも韓国っ
ぽくて気に入っています。

2

猫と一緒にくつろげる
小型のソファとクッション

ソファは脚を外して圧迫感を
軽減。色を合わせたオットマ
ンやクッションも置いて、コン
パクトながら自由にくつろげる
スペースにしました。

3
**形が個性的な雑貨は
色味を揃えて**

マントルピースには、形がかわいいランプとキャンドルなどを飾っています。色はグレーと淡い黄色で揃えて統一感を出しました。

4
**インテリアの邪魔をしない
プロジェクターを愛用**

テレビを置くと圧迫感がでてしまうので、持っていません。代わりに照明一体型のプロジェクターを使ってテレビや映画を見ています。

5
**猫グッズも部屋になじむ
色や素材感を重視**

ラタン素材のキャットタワーは、色味と大きさを重視して選びました。ケージやオモチャも、部屋になじむデザインかどうかを大切にしています。

和室の暮らしＱ＆Ａ

部屋づくりが難しいイメージのある和室ですが、工夫次第で
おしゃれな空間にすることができます。素敵な和室暮らしをしている
tomoさんに、気になるポイントを聞いてみました。

Profile :

tomo 🅞 @__to.m.ooo_____

大阪府在住。オンラインのセレクトショップ
「Elää」店主。約3年前から住んでいる和室
は、"帰ってきたくなる家"をテーマに、リラッ
クス感のある空間を目指している。たくさんの
雑貨や本など、好きなものに囲まれた暮らし
を発信するInstagramが人気。

ROOM DATA :

Size　**19.8㎡**

Taste　**Mixスタイル**

Q.
和室に合うインテリアの条件は？

A. やわらかい雰囲気の木製インテリアがオススメです。私は木を使った家具が好きで元から集めていたので、洋室から和室に越したとき、そのまま置いても違和感はありませんでした。他にもナチュラルなインテリアは和室と相性がよく、観葉植物をたくさん置いています。色味や質感の経年変化を楽しめるラタン素材のミラーやマガジンラックもお気に入りです。

Q.
和室ならではの
部屋づくりのポイントは？

A. 鴨居※があるので壁に穴を開けずに、吊るすインテリアを取りつけられるところです。モビールやハンギングプランターの植物が風に揺れるのを眺めていると、とても癒やされます。また、床で過ごすことが多いので、家具は背の低いもので揃えています。圧迫感がなくなるので空間が広く感じられ、吊るすインテリアとのバランスもいいです。

※鴨居：障子やふすまなどの上枠として取りつけられる横木のこと

Q.
和室を自分らしく楽しむコツは？

A. 「和室だから」という考えにとらわれず、自分が「愛着を持てるか」という視点が大切です。例えば、障子やふすま。私の場合、障子は閉めても光が感じられるところが好きで、そのまま生かしています。ふすまは外せるものは外して、目隠しが必要な部分には白い布を吊り下げました。奥行きが広い押し入れは、本棚兼デスクにして雑貨をたくさん飾っています。

tomo's HOUSE
とっておきの場所と過ごし方

雑貨や本や植物など、たくさんの偏愛アイテムに囲まれた空間を紹介してもらいました。

本は紙の質感や装丁の魅力を感じたいので、電子書籍ではなく製本されたものを集めています。本棚に入りきらなくなったら、ブロックに木板を置いてスペースを拡張。重ねるだけなのでDIYと言うほどでもないのですが（笑）見た目もかわいくて気に入っています。

本棚
簡単 DIY でボリューム自在

> ### MEMO
>
> ### 飾り方のポイント
>
> ウォールデコは、大きいものから飾って、間を埋めるように小さいステッカーなどを貼っていくとバランスが取りやすいです。壁に画鋲を挿せない場合は、マスキングテープを使いましょう。雑貨の場合は、優先順位を決めて必ず飾りたいものから置き、大小のメリハリをつけることを心がけています。

押し入れデスク
仕事中もごきげんになれる

りんご箱の棚
雑貨を飾るのにぴったり

2つある押し入れの1つはふすまを外してデスクとして活用しています。ここにもブロックと木板で本棚をつくって、壁にはショップカードやポスター、ステッカーなどを貼りました。好きなものをぎゅっと詰めこむと、仕事中も自然とごきげんになれます。

フリマサイトで安く購入したりんご箱は、縦に重ねたり横に並べたり、使い方の自由度が高くて重宝しています。今は横に2つつなげて雑貨を飾るスペースに。雑貨は気分で入れ替えますが、ラタンのミラーや個性的な花瓶を主役にした今のレイアウトがとても好きです。

CHAPTER **3**

キッチン

キッチンが好きな空間になれば
家事ももっと楽しくはかどるはず。
掃除をラクにする工夫や使いやすい収納など、
暮らしやすさにも重きを置いた空間づくりに注目です。

キッチンの基本ポイント

キッチンは、調理道具や食器などの細々としたものが多くて散らかりやすく、食品や調味料のパッケージで生活感が出やすい場所です。
収納を工夫して、使いやすく見た目もスッキリさせましょう。

POINT 1

隠す収納と見せる収納を使いわける

キッチンをスッキリとした印象にするためには、隠す収納を充実させることがポイントです。コンロやシンク下の棚は、ブックエンドで仕切りを追加したり、コの字型のラックを使って段を増やしたりすると、使いやすく収納力もアップします。収納を買い足す際も、なるべく扉がついたものを選ぶ方が使い勝手がいいです。見せる収納は、スペースに余裕を持つことが大切。ものが多いと窮屈な印象になるので、厳選したものを飾る意識で置きましょう。

隠す収納
には
食料品や細々したものを

隠す収納に適しているのは、カトラリーやごみ袋などの日用品、パッケージが目立つ調味料・食品ストックなど。サッと取り出したいクリップなどの細々としたものも、カゴにまとめるだけでスッキリします。

Photo by kaori

見せる収納
には
お気に入りの食器や雑貨を

見せる収納は、お気に入りの雑貨やホーロー鍋など、日常的に目に触れさせたいものを置きます。また、使用頻度の多いキッチンツールの収納にも向いています。フックで吊るすとワンアクションで取れて使いやすいです。

Photo by Yasu

使用頻度に分けて収納する

家の中のものはそれぞれ使用頻度が異なり、よく使うものを取り出しやすく片づけやすい場所にしまうのが使いやすい収納のコツです。ものが集まるキッチンもこの方法で整理することで、家事の効率がグッとアップします。一番出し入れがしやすいのは、目線〜腰までの高さにある収納。それより高い場所と低い場所には、使用頻度が低いものをしまいましょう。また防災の面では、高い場所に重いものや割れものを置かないことが重要です。

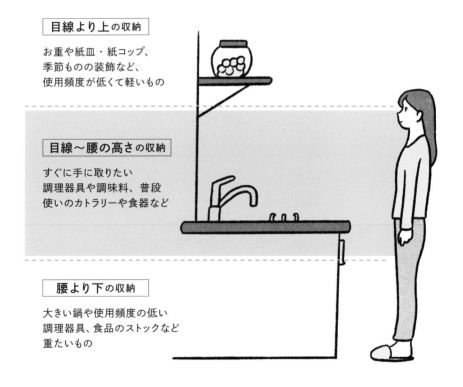

目線より上の収納

お重や紙皿・紙コップ、
季節ものの装飾など、
使用頻度が低くて軽いもの

目線〜腰の高さの収納

すぐに手に取りたい
調理器具や調味料、普段
使いのカトラリーや食器など

腰より下の収納

大きい鍋や使用頻度の低い
調理器具、食品のストックなど
重たいもの

MEMO

**ラクに清潔を保てる
工夫も大事**

キッチンは調味料や油で汚れやすく、こまめな掃除が必要です。天板にはものを置かず、フックやラックを使った浮かせる収納で、掃除をしやすくするのがきれいを保つコツです。

KITCHEN

CASE 1

Misa's HOUSE

白×天然素材でさわやかに。
収納の仕組みを整えると
掃除しやすく散らかりにくい

キッチンは汚れやすい場所なので、天板の上にはなるべく何も置かず、気づいたときにササッと拭けるようにしています。見た目もさわやかにしたいので、色は白を基調に、家電も白で統一しました。

日用品やキッチンツールは、収納場所を定めることが大切です。基本のルールは、使う場所にしまう場所をつくること。例えば、子どもたちが学校に持っていく水筒はシンク下の引き出しに収納場所をつくり、洗って乾いたら少ない動作でしまえるようにしています。よく使う鍋や掃除用のスプレーは、コンロの側に吊るしてワンアクションで手に取れるようにしました。飲み薬が入った小さなカゴは、レンジフードの上が定位置です。

飾り棚は全体の色合いをベージュ〜茶色で揃えて、黒のストライプ柄の缶をアクセントに。天然素材のカゴは見た目がかわいくて、中身を隠せるのに取り出しやすいところがキッチン収納にもピッタリです。

ROOM DATA

冷蔵庫 キッチンラック

キッチンカウンター

③
P.63
飾り棚の上段

④
P.63
飾り棚の下段

①
P.62

②
P.62

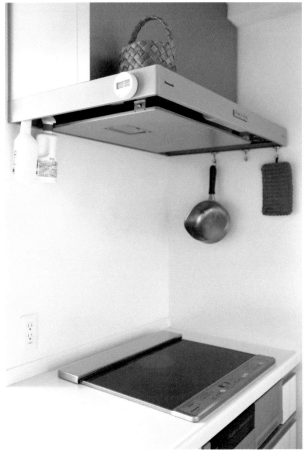

①

毎日使う場所だから
ラクにきれいを
保つ工夫を

吊るす収納で拭き掃除の手間を最小限に。調味料類はコンロ下の引き出しに入れて、調理中にすぐ取り出せるようにしています。

②

収納を整えて
時短につなげる

シンク下の引き出しはノアイルボックスで中を仕切って、ものの居場所を明確化しています。しまう・戻すの動作がスムーズです。

一番上の段のカゴには、紙コップなどの使用頻度が低くて軽いものを。紙ナプキンや布を被せておくと、ホコリがつくのを防げます。

③

扉のない収納は
災害時も考慮して

飾り棚はDIYで取りつけたものです。防災の観点から、上の段には落ちても割れないものだけを置いています。

④

北欧風の木の雑貨で
キッチンにも癒やしを

飾り棚の下段には、デザインがかわいいティーセットを。鳥の形をしたようじ入れは、雑貨屋さんで一目惚れして購入しました。

KITCHEN

CASE 2

Hanamori's HOUSE

機能性も遊び心も大切に。街のレストランのような少し雑多な感じが心地よい

天窓と大きな窓があるキッチンは、明るくて大好きな場所です。作業台が広いので夫と一緒に料理をすることも増えました。キッチンのイメージは「町の小さなレストラン風」。DIYで取りつけたワイングラスホルダーにグラスを吊り下げたり、窓の上にある棚にキープボトルっぽくお酒の瓶を飾ったりしてお店感を出しています。

賃貸にはめずらしく、キッチンの天板に白くて清潔感のある「モールテックス」という左官塗材が使われているところも惹かれたポイント。ステンレス製の多いキッチンツールとの相性も抜群です。

白いタイルがはられた壁は、少しレトロな雰囲気でお気に入り。天板を支える木枠だけが真新しく感じたので、薄く色のついた水性ウレタンニスを塗って、使い古したような色味にしました。すべて扉のない収納なので、調味料や日用品はトタンボックスに入れたり、カーテンで隠したりして生活感を抑えています。

ROOM DATA

冷蔵庫

食器棚（りんご箱）

1
P.66

2
P.66

3
P.67

4
P.67

①

調味料は入れ替えて
調理も見た目もスマートに

調味料は、片手で開けられる
ボトルに入れ替えて使ってい
ます。スパイスラックは調味料
入れの高さに合わせてDIYし
たものです。

②

メタリックな素材と
木材の組み合わせも◎

ストックしている食品類は、ト
タンボックスに入れています。
マグネットテープを貼ったブッ
クエンドで中を区切ると整理し
やすいです。

3

出窓は見せる収納と
ミニ家庭菜園で活用

日当たりのいい出窓は、よく使
うキッチンツールと植物の置き
場に。花を飾ったり、夏場は
バジルやパセリを育てたりして
そのまま料理に使います。

4

好きなものだけを
飾るように収納する

リビングとダイニングをゆるく仕
切る棚は、りんご箱を6つ使い
重ねたものです。ガラスのポッ
トなどのお気に入りの食器を、
飾るように収納しています。

KITCHEN

CASE 3

chaco's HOUSE

学生時代に憧れた
イギリスのレトロかわいい
キッチンがモチーフ

　我が家には個人の部屋がないので、私にとってキッチンユニットは自室のようなもの。お気に入りの雑貨を置いて、掃除はなるべくこまめにして、床にごろんと寝転がれるほどに（笑）愛着を感じている空間です。

　キッチンはイギリスのメーカーのもので、学生時代に留学したイギリスのホストハウスをイメージしています。明るい木の天板と収納スペースのくすんだ水色をメインカラーにして、アクセントで黄色をちりばめました。冷蔵庫やレンジフードはレトロなデザインをネットで探して、やっと見つけたものです。全体的に「レトロかわいい」がテーマですが、甘くなりすぎないように、シルバーの取っ手や家電で引き締めることを意識しました。

　ディッシュスタンドやまな板、キッチンツールはなるべく木製で統一して、見える場所に収納しています。金属製より変色や焦げつきはありますが、それも味だと思って大切に使い続けたいです。

ROOM DATA

冷蔵庫

キッチンラック

キッチン

1
P.70

2
P.70

3
P.71

4
P.71

冷蔵庫には好きなマグ
ネットをたくさん貼りま
した。湿度計もあって
意外と機能的です。

① 1

海外の田舎にありそうな
素朴なアイテム

陶器のシンクのまわりには、
木製のキッチンツールとレトロ
な黄色い時計を配しています。
どちらも素朴な雰囲気がかわ
いいです。

② 2

童話のような世界観を
象徴するオブジェ

吊戸棚の上には、木馬のオブ
ジェと照明を。見た目のかわ
いさとサイズ感がまさに理想
的で、部屋のシンボルとして
飾っています。

3

日々の家事を
楽しくする道具たち

コンロ横の窓辺には、調理で使うものをまとめました。木のお玉で鍋を混ぜていると、物語の登場人物になったようでわくわくします。右端にあるのは、3品を一度に調理できるフライパン。実はあまり使っていないのですが（笑）かわいいので見えるところに吊るしています。

アジア料理のお店にありそうな調味料入れ。
ポップな色使いに一目惚れしました。

4 好きなものばかりを
集めたガラス戸棚

アンティークのガラス戸棚には、小さいポットや調味料入れを飾っています。使うのがもったいないので、眺めて楽しむ用です。

KITCHEN

CASE 4

Nana's HOUSE

こだわりのインテリアと
使いやすい収納で
調理の時間が好きになる

　一人暮らしの物件にはめずらしく、キッチンは広くて収納も充実しています。何よりも憧れのカウンターキッチンだったことが、この部屋を選んだ最大の理由です。一人だと自炊を頻繁にするのは気合いがいるのですが、少しでもモチベーションが上がるように、キッチンも自分好みな空間にしたいと考えています。

　ものが多い場所なので、家具や雑貨は色味を白とベージュで統一してスッキリとした見た目に。家電も白で揃えて圧迫感を抑えています。キッチンにゴミ箱を置いていないのも、私らしいルールかもしれません。はじめは置こうか迷ったのですが、場所をとるし虫がわくのもいやだったので、ためずに捨てることを習慣にしています。

　コンロのまわりには、100円ショップで購入した白いタイル風のアクセントクロスを貼りました。レンジフードに合わせて切るのが少し大変でしたが、理想のキッチンにグッと近づいたので満足しています。

ROOM DATA

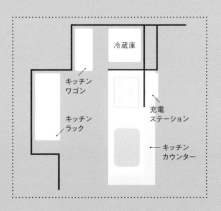

冷蔵庫

キッチン
ワゴン

キッチン
ラック

充電
ステーション

キッチン
カウンター

3
P.75

4
P.75

キッチンカウンターの下

1
P.74

2
P.74

1

サイズが合わない家具は
リメイクして使いやすく

色味や扉のデザインに一目惚れしたスパイスラック。どうしてもコンロ横に置きたくて、リメイク業者に奥行きを合わせてもらいました。

2

重いストックも
出し入れスムーズ

キャスターつきラックには、キャットフードのストックなど重量があって頻繁に使うものを収納しています。隙間を活用できて出し入れもラクです。

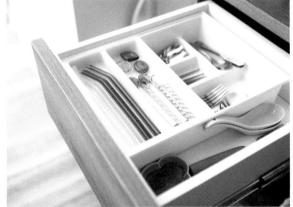

3

見た目がばらつくものは
扉つきの棚に入れる

食器は扉つきのキッチンラック
に収納。よく使う食器は手前
に置き、引き出しの中は色のま
とまりを意識すると、テーブル
コーディネートがしやすいです。

4

カウンターでの
PC作業がはかどる

リビング側のキッチンカウンタ
ーの下には充電ステーション
を設置。インテリアになじむよ
うに、白と木目調のデザインを
探しました。

おしゃれ&使いやすい キッチンの整理術

ものが多くなりがちなキッチンを、
スッキリ見せる収納方法やレイアウトを紹介します。

Idea ❶

Yasu
@yasuoromen

見せる収納は色・素材ごとにものを揃えるの
がコツ。全体のテーマや自分の好みが見えて
きて、次の購入計画が立てやすくなります。

Idea ❷

akane　@akn.myhome

パントリーは生活感が出ないように、収納ケー
スや色味を揃えて整えるようにしています。オ
ープン棚なので見た目のかわいさも重要です!

Idea ❸

kaori　@hibiiro

ごちゃつきやすいカトラリーは、竹製のオーガ
ナイザーに収納。見た目が整い、引き出しを
開けるたびにときめくようになりました。

Idea ❹

くま　@arabesque0525

ユニットシェルフはキッチンツールの収納場所
であり、大好きな器を並べるギャラリー。スッ
キリ見せたいときは扉を閉めて目隠しします。

CHAPTER **4**

ベッドルーム

ベッドルームはプライベートな場所だからこそ、
過ごしやすさや好きなテイストを最優先にしたいところ。
どんな空間がリラックスできるのか、
求める条件を考えてみましょう。

ベッドルームの基本ポイント

ベッドルームは、1日の疲れを癒やす大切な空間です。
眠りにつくまでの時間をどんな風に過ごしたいか、
何人で寝るかによって、必要なインテリアは変化します。

POINT 1

ベッド周辺の動線を確保する

ベッドまわりは寝る人が行き来できればいいので、通路幅は最小限で問題ありませんが、忘れずに確保したいのはベッドメイキングの動作スペースです。このスペースがないと、シーツの取り換えなどが大変になってしまいます。ベッドサイドと壁の間は65cm程度、足元と壁の間は70cm以上空けるようにしましょう。また、ベッドの片側を壁につける場合は、布団の厚さ（10cmほど）の隙間を空けると、布団がベッドの上にきちんと収まります。

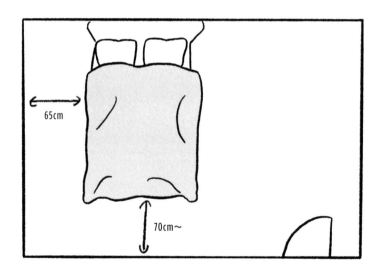

65cm

70cm〜

MEMO

ベッドまわりの扉の開閉も考慮して

部屋のドアの幅は平均70cmなので、ドアの近くにベッドを配置する場合は開閉の妨げにならないように、70cm以上の幅を確保します。引き戸タイプのクローゼットの付近には、動作スペースも考慮して90cm以上の幅が必要です。

ベッド周辺の条件を確認する

ゆっくり読書をしたり、音楽を聞いたり、テレビを見たり……。そんな就寝前のリラックスタイムを大切にしている方は多いのではないでしょうか? パートナーと寝室を一緒に使う場合は、生活リズムも考慮して、それぞれが快適に過ごせる工夫が必要です。理想の過ごし方をイメージしたら、そのために必要な設備などの条件を確認して、ベッドまわりのインテリアを整えましょう。

[ゆっくり読書をしたい]

ITEM
・サイドテーブル
・テーブルランプ

ベッドの上で読書をするなら、ベッドサイドには本を置くためのサイドテーブルと、手元を照らすテーブルランプを用意しましょう。光の向きや高さが調節できるものだとよいです。読書をする場合に限らず、枕元の付近にコンセントがあると使い勝手がよくなります。

[それぞれの時間を
大切にしたい]

ITEM
・サイドテーブル
・テーブルランプ
・間仕切り

パートナーとそれぞれの時間を過ごす場合は、ベッドの両側にサイドテーブルとテーブルランプを用意します。パソコンなどで長時間作業をする場合は、スペースを別に設けてベッドとの間に間仕切りを置き、照明はスポットタイプのものにするのがオススメです。

[ベッドの上で
テレビを見たい]

ITEM
・テレビボード

テレビを置くなら、ベッドから見やすい高さのテレビボードが必要。一般的にテレビの見やすい高さは、目線と同じかそれより低いくらいなので、ベッドに腰かけたときの目線の高さに合わせて選びましょう。位置はベッドの横側か足元が見やすいです。

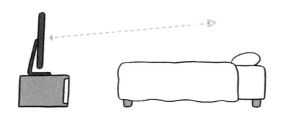

BED ROOM

CASE 1

Misa's HOUSE

ラクに片づく仕組みと
もしもの時の対策が重要

子どもの寝室は、モノクロのインテリアとやさしい青の壁紙で落ち着く雰囲気にしました。ここに布団を敷いて寝ますが、少し高さのある棚は人の上に倒れたり、出入口を塞いだりしない場所に配置。重量のある本は低い棚に収まるぶんだけを置いています。

子どもが自分で片づけられる仕組みづくりも大切です。取り出しやすい棚に出しておくのはよく遊ぶ1軍のオモチャに絞り、2軍はクローゼットにしまっています。そうして一度に出せるオモチャの量をコントロールすることで、子どもたちだけで片づけられる部屋になるのです。

ROOM DATA

Size	11.5㎡
Taste	北欧風スタイル

Misa's HOUSE

子どもの収納は
あるものを活用する

子どもの持ち物は年々変わる
ので、収納はあるものを使い
回します。以前は学校の道具
を入れていた黒いシェルフは、
ブロックと本の置き場に。白い
本棚は、ブックエンドで簡易
的に容量を増やしました。

飾り棚に置くのは
軽いものだけ

壁に取りつけた棚も、以前は
リビングにあったもの。上段
のカゴや缶には小さいブロック
とフィギュアを収納。下段は、
子どもが気に入ったものを自由
に飾るスペースです。

BED ROOM

CASE 2

Hanamori's HOUSE

イメージは旅館の客室。
心が落ち着く和の空間

寝室は、旅館のような空間をイメージしています。ベッド……ではなく、実はマットレスを床に置いただけ。この低さが和室の雰囲気に合っていて、窓の高さとのバランスも丁度いいです。通気性が悪いので、定期的に裏返して湿気を逃がすようにしています。

大家さんが塗ったという深い緑色の壁と、元から敷いてあったブラウンのカーペットに合わせて、寝具も落ち着いた色のものを選びました。

枕元には、好きな香りのルームフレグランスと香水、お気に入りのアクセサリーたち。小さな真鍮のランプは、夜の読書タイムで重宝しています。

ROOM DATA

Size	9.9㎡
Taste	和モダンスタイル

1
ベッドサイドには
厳選した愛用品を

朝は寝室で着替えて、ここ
で香水とアクセサリーをつ
けて身支度完了です。夜
はランプのやわらかい明か
りで読書。いつもより集中
できる気がします。

2
使いやすくシンプルな
押し入れ収納

押し入れにはパイプがついているので、
シワになりやすい服や、丈の長いもの
はかけて収納。引き出しは、シンプル
な無印良品のものを愛用中です。

BED ROOM

CASE 3

chaco's HOUSE

秘密基地感を演出する 個性的なインテリア

　我が家の寝室は、リビングから梯子を上った先にあるロフト。秘密基地のような感じがして好きな場所です。

　インテリアは子ども部屋をイメージして遊び心のあるスタイルに。大小のキツネのオブジェを主役にして、クッションや寝具の色味を暖色系で統一しました。深い色味の木でできたテーブルランプも、キツネの味のある雰囲気に合わせてセレクト。童話のような世界観がより強くなったと思います。

　寝室の手前には、本を置くスペースをつくりました。ここから好きな本を選んで、布団の上やリビングのアーコールチェアで読む時間は至福です。

ROOM DATA

Size	9.9㎡
Taste	ミックススタイル

1

高低差をつけて
バランスよく配置する

複数のものをバランスよくレイ
アウトするコツは、三角に配
置することです。上の写真の
場合、高さのあるランプを頂
点にして、左右のキツネとクッ
ションで山型をつくっています。

2

大好きな本の
保管スペース

本置き場は、リビングからは見
えないようになっているので、
好きな本をランダムに置いてい
ます。ものが多い空間が好き
なので、この雑多に並ぶ感じ
も心地よいです。

BED ROOM

CASE 4

Nana's HOUSE

インテリアと照明で
広く明るい印象に

開放感を出したかったので、家具はすべて背の低い脚つきのもので統一しました。日当たりが悪いため少しでも明るく見えるように、ベースカラーを白とベージュ、アクセントカラーを黄色と黄緑にしたのもポイントです。

インテリアは、クマのぬいぐるみや花のモチーフを多く取り入れて、かわいらしさと癒やしを感じる空間に。自然光が入らないぶん、照明にもこだわっています。枕元の月の形をしたライトやマッシュルームライトの他、チェストの上にもデスクライトを設置。お気に入りの雑貨を置いた場所に目が行くように、照明の位置を決めました。

ROOM DATA

Size	9㎡
Taste	韓国風スタイル

1

形の違うクッションは
同系色でまとめると◎

クッションは形や柄が違っても、同系
色でまとめると統一感が出ておしゃれ
な印象。季節に合った色味に模様
替えをするのも楽しみです。

2

かわいい雑貨で
生活感を抑える

生活感の出るティッシュは、丸いグレ
ーのケースに入れ替えています。人形
用のベッドは、愛猫のブッシュとノエ
ルが寝るのにピッタリです。

3

夜の部屋を演出する
お気に入りの照明器具

フォルムがかわいいプリーツランプと、
花束のようなランプはどちらもお気に
入り。棚に置いた雑貨やキャンドルを
照らす位置に置いています。

空間のムードを演出する 愛用の照明器具

雰囲気づくりに欠かせない明かり。
部屋がグッとおしゃれになる、イチオシ照明を紹介します！

Item ①

くま 🔘 @arabesque0525

シャボン玉のようにかわいらしい個性的なデザインのバブルランプは、水回りの照明にぴったり。我が家ではトイレで使用しています。

Item ②

akane 🔘 @akn.myhome

土台が変形してスタンドにも壁掛けにもなるプリーツランプ。まわりのインテリアに合わせて使い方の幅が広がります。

Item ③

aki

🔘 @aki_egg_room

寝室の照明は明るすぎないものが好みです。ガーランドライトはレイアウトで遊べるうえに、ほどよい明るさで落ち着きます。

Item ④

tomo

🔘 @__to.m.ooo_____

脚に本やタブレット端末を置けるユニークなデザインに一目惚れして購入しました。就寝前に、この明かりで読書するのが日課です。

CHAPTER *5*

洗面所・浴室・トイレ

洗面所・浴室・トイレといった水回りを
サニタリーといいます。キーワードは清潔感と機能性。
コンパクトなスペースを有効活用する
アイテム選びも重要です。

洗面所・浴室・トイレの基本ポイント

洗面所・浴室・トイレは、家族が毎日使うだけでなく、
来訪客も利用する場所。清潔さを保てるように、
余計な装飾は控えて機能的な収納を充実させることが大切です。

ものは浮かせてきれいを保つ

水回りの掃除をラクにするには、ものを浮かせて収納するのがオススメです。
例えばソープボトルやコップ・風呂イスなどを水がつく場所に置いていると、
底のヌメリの原因になり、掃除のときに移動させるのも面倒です。吸盤や磁石
つきのフックなどを壁に貼りつけて吊るしておくと、取り出しやすく汚れをため
こみにくくなります。使うものの色を揃えたり、シンプルでスタイリッシュなデ
ザインのものを選んだりすると見た目もスッキリします。

壁面に貼りつけるタイプの、ディ
スペンサーホルダー。装着したま
まポンプを押すことができて使い
やすいです。シンプルなデザイン
でどんな空間にもなじみます。

フィルムフックディスペンサーホルダー
タワー／山崎実業

浴室の物干しやタオルバーにひっ
かけて乾かせる風呂イス。一般的
なバスカウンターに最適な30cm
の高さで座りやすく、ゆったりと
バスタイムを過ごせます。

引っ掛け風呂イス
タワー SH30／山崎実業

POINT 2 ▶

小物の収納にはカゴが便利

表に出しておきたくないものや、ごちゃついて見える小物類の収納にはカゴを
活用しましょう。自然素材なので清潔感のある空間と相性がよく、軽くて引き
出しやすいのも魅力です。使う人ごとや用途ごとに内容をまとめると、散らかり
にくくて管理もラクになります。

カゴに洗濯ネットをまとめて入れて、
洗濯機の近くの棚に収納。フタがない
ので出し入れがスムーズで家事の効率
が上がります。

by Misa(P.92)

タオルは巻いて脱衣所のカゴに保管。
洗った後の収納も取り出すのも簡単で
す。タオルの種類を統一すれば、表に
出していても見た目が整います。

by chaco(P.97)

POINT 3 ▶

アクセントクロスやタイルシールでDIY

シンプルな空間に個性を取り入れるなら、
アクセントクロスやタイルシールを使って
みてください。トイレや洗面台まわりの壁
は面積がせまいので、はじめてでもうまく
いきやすいです。水がかかる場所に使う
場合は、防水性があるものを選びましょう。
白い壁の一部に濃い色や柄を取り入れて
アクセントにしたり、洗面台にさわやかな
色のタイルを貼ったり。毎日目にする場所
なので、実用性だけでなく見た目の印象
も大切にしたいですね。

SANITARY ROOM
CASE 1
Misa's HOUSE

スッキリ＆機能的に。
掃除のしやすさが最優先

　水回りは、掃除がしやすいようにものを最小限にして、なるべく床から浮かせて収納するのがポイントです。

　見た目もスッキリするように、シャンプー類は白いシンプルなボトルに詰め替えます。タオルは取りやすさを優先して扉のない棚に収納。同じもので揃えれば、見えていてもごちゃついた印象になりません。また、自然素材のカゴはナチュラルな雰囲気で、清潔感のある水回りと相性がいいです。

　トイレも収納グッズは白で統一。アクセントとして、北欧のメーカーの生地でファブリックパネルを自作して、目を引く場所に設置しました。

1
洗濯グッズは中身が
見えないカゴに収納

洗濯で使うネットなど細かいものは、カゴに入れてスッキリした見た目に。フェイクグリーンは、水回りにさわやかさを加えるオススメのアイテムです。

カビやヌメリを予防する
浮かせるグッズたち

風呂イスと掃除用のブラシは、バーに
かけられるものを使用。ボトルラック
やスクイージーは、壁に磁石でくっつ
けています。乾きやすくて衛生的です。

ストックは省スペースで
災害への備えも忘れずに

トイレットペーパーは3倍巻きを選ぶと、
少ないスペースで大量にストックでき
ます。災害時に使う簡易トイレも、持
ち出し用とは別に保管しています。

SANITARY ROOM

CASE 2

Hanamori's HOUSE

日用品はしまわなくても 美しいデザインを選ぶ

マスタードカラーのレトロな壁紙と丸いミラーがお気に入りの洗面所。毎日使う歯ブラシや歯磨き粉はすべて出しっぱなしですが、落ち着いた色味のもので揃えると、スッキリとした印象になります。ハンドソープもボトルの交換をしなくていいように、選ぶときはパッケージデザイン重視です。

洗面台と洗濯機の隙間には、スリムなステンレスのラックを置いて、上段にはスキンケア用品などを収納。下段は、洗濯で使うものをまとめています。

お風呂の入口付近には、DIYで棚を設置してタオル置き場に。使ったタオルをかける用のバーもつけました。

1 日用品は最小限で
しまわなくてもいい量に

日用品は、出しておいても邪魔にならない量に絞っています。ラックは引き出し式で、奥にはストック類を、手前には使用頻度の高いものを入れています。

2
DIYをするときは
用途とシーンを想像して

タオルは色を無地で揃えて、すぐ手に取れるようにDIYで設置した棚の上に。棚板は、タオルが置けて邪魔にならないサイズで切り、少し着色して使いこんだ雰囲気にしました。

3
見た目が整う
もの選びのポイント

ものの量を減らすため、メイクが落とせる洗顔料など多機能なものを使ったり、夫婦で共有したりしています。シャンプー類も詰め替えはせず、パッケージが好きなものを購入しています。

SANITARY ROOM

CASE 3

chaco's HOUSE

白を基調とした空間に
形でポップさを加える

　洗面所は、家事がしやすい動線を重視しました。洗ったものをすぐ干せるように、洗濯機の前に物干しスペースを設置。さらに手前にはウォークインクローゼットがあるので、乾いたものをそのままかけられます。洗う・干す・しまうが3歩くらいの移動でできるので、毎日の洗濯が苦になりません。

　清潔感のある空間にするため、インテリアは白と自然素材のカゴで統一。色味がないかわりに、ものの形を四角と丸で揃えて、ポップな雰囲気もプラスしました。収納が少ないので日用品はなるべく少なく、出しておいてもかわいいものを選ぶことにしています。

1

見た目のかわいさと
機能性を重視する

四角い洗面台には、丸い鏡とライトを
設置。ソープボトルも丸型を選びました。
鏡は収納になっていて、必要最低限の
スキンケアグッズなどを入れています。

3

ゆったり過ごせる
海外風の浴室

お風呂が好きなので、浴室は特にこだ
わりました。海外風のシャワーヘッドは
ネットで見つけたもの。木製のバスタブ
トレーに飲み物などを置いて楽しみます。

2

しまいやすく使いやすい
シンプルなタオル収納

タオル置き場は物干しスペースの下に。
乾いたものを筒状に巻いて、カゴに差
しこむだけなのでラクちんです。タオ
ルの色は白とグレーで統一しています。

SANITARY ROOM

CASE 4

Nana's HOUSE

スペースを有効活用して
かわいく使いやすく

ものが多くなってしまう洗面所は、空間を有効活用して収納を増やす工夫をしています。タオルや洗剤は、洗濯乾燥機の上につけたつっぱり棚の上に。大好きなコスメは、洗面台と壁の狭い隙間にフィットするラックに収納しました。使う場所の近くに収納場所をつくって、使いやすくしまいやすいようにしているのがポイントです。

トイレは元のベージュの壁紙に合わせて、暖かい色味のファブリックや木材を中心にコーディネート。床にはヘリンボーンのクッションフロアを敷いて、扉を開いて右手の壁には、黄色い花柄のアクセントクロスを貼っています。

1

ナチュラルな色と
素材でさわやかに

タオルはグレーで揃えて、洗剤・
柔軟剤はかわいいボトルに詰め
替えています。木目調の取っ手、
天然素材のカゴ、フェイクグリー
ンでさわやかさも意識しました。

2

使いやすくて
見た目もスッキリ

スリムなラックは引き出し
式で、中身が隠れる上に
使いやすくて気に入ってい
ます。コスメは、ここに収
まる量をキープするのがマ
イルールです。

3

やさしい素材感と
色味で統一する

ペーパーホルダーはシルバーの
ものから木製に取り替えました。
丸い鏡も木の枠がついたものを
チョイス。小さな空間なので、
統一感を大切にしています。

部屋のアクセントになる ウォールデコのポイント

壁を装飾して楽しむ「ウォールデコ」。
レイアウトのコツや壁を傷つけない方法を紹介します。

Idea ❶

MEMO

壁に穴を開けない方法

専用の接着剤でつける「くりぴた
フック壁紙用」やマスキングテープ
などを使用すれば、壁に穴を開け
ずにウォールデコを楽しめます。

aki

📷 @aki_egg_room

ごちゃっとした雰囲気が好きなので、無造作
な感じを意識しながら、棚に飾った雑貨やガ
ーランドに重ならないように配置しています。

Idea ❷

くま

📷 @arabesque0525

寝室に貼っているのは日常を切り取ったチェキ。
縦、横の写真ごとに高さを合わせるとバランス
がとりやすく、増やすのもラクです。

Idea ❸

akane 📷 @akn.myhome

ウッドの額縁を発泡ウレタンフォームで柔らか
い質感にリメイク。存在感が増してポスターと
ラックの相性がよくなりました。

CHAPTER **6**

玄関・廊下

長時間過ごす場所ではないけれど、出かける前や
帰って来たときに目に入る景色は意外と大切です。
いつでも気持ちよく、ホッと癒やされるような
空間にしておきたいですね。

玄関・廊下の基本ポイント

訪れた人がはじめに目にする玄関や廊下は、
まさに「家の顔」といえます。広さに余裕がないことも多いので、
スッキリさせつつワンポイントで個性をプラスしましょう。

POINT 1

出しておくものは最小限に

玄関は留まる時間が短いため、ものが出しっぱなしになりやすいです。傘や靴は使ったらしまうことを習慣にして、極力生活感を出さないように心がけましょう。外出時に必要なカギやマスクなどの細々したものは、カゴやケースに入れて目につく場所に置いておくと、慌ただしい朝もスムーズに手に取れます。スペースに余裕があれば、アクセントとして観葉植物や花・アート・雑貨などを飾ると、空間の魅力がグッと高まります。

✓ CHECK POINT

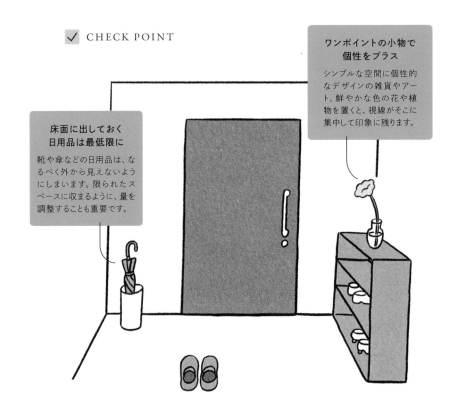

ワンポイントの小物で個性をプラス

シンプルな空間に個性的なデザインの雑貨やアート、鮮やかな色の花や植物を置くと、視線がそこに集中して印象に残ります。

床面に出しておく日用品は最低限に

靴や傘などの日用品は、なるべく外から見えないようにしまいます。限られたスペースに収まるように、量を調整することも重要です。

空間を広く見せる色やインテリア

コンパクトな玄関・廊下を開放的に見せるには、「色」と「奥行き」がポイントになります。赤・オレンジ・黄色などの暖色と白は膨張色といい、実際の大きさよりも大きく見せる効果があります。そのため、玄関・廊下の壁や床を膨張色にすると、実際の面積よりも広く感じやすいです。視覚的な奥行きをつくり出すには、鏡と飾り棚が効果的。鏡は空間を映して広がりを持たせ、飾り棚は狭い廊下にも設置しやすく、景色に立体感が生まれます。

膨張色
＝
大きく見える

収縮色
＝
小さく見える

膨張色で圧迫感を軽減

膨張色の反対は収縮色といい、青などの寒色と黒がこれにあたります。広く見せるには、空間の中の膨張色の割合を多くしましょう。

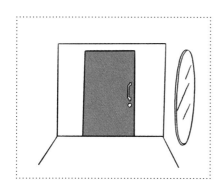

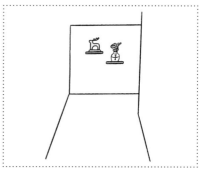

鏡で広がりを持たせる

視覚的な効果だけではなく照明を反射して明るく見せたり、身だしなみチェックに使えたりと、実用性が高いところも鏡の魅力です。

飾り棚で立体的に見せる

廊下の先に飾り棚を設けて雑貨などを置くことで、空間が立体的に見えて奥行き感が出ます。額に収めたアートを飾るのも効果的です。

ENTRANCE HALL

CASE 1

Misa's HOUSE

ミニマム&使いやすい
工夫がつまったスペース

コンパクトな玄関なので、靴や傘は出しっぱなしにしないのが我が家のルールです。全身鏡は朝の身だしなみチェックに使うのはもちろん、空間を広く、明るく見せる効果もあって一石二鳥。壁や床の色は入居時のままですが、白で統一されているので、圧迫感が軽減されていると思います。

玄関とリビングをつなぐ廊下も幅が狭いため、装飾は最低限に。玄関の近くに折りたためるフックを取りつけて、木製の飾りをかけています。もしものときの避難経路でもあるので、廊下の収納には日用品のストックの他、防災グッズも保管しています。

よく使うものは
取り出しやすく

2つある廊下の収納は、1つ
扉を取って、よく使うものを入
れています。収納ボックスなど
はすべて白で統一して、見た
目をスッキリさせるのもポイント。

外で使うものは
玄関に収納する

シューズクローゼットには、掃除道具
やハンカチ・ティッシュ・マスクなどの
外出時に必要なものを準備。グローブ
をしまう場所もつくりました。

ENTRANCE HALL

CASE 2

Hanamori's HOUSE

古いものの落ち着きと
季節の植物に癒やされる

古い木の扉と金属の取っ手、しっとりとした光が入るすりガラスがかわいい玄関。シューズボックスは、扉の色や質感に合うヴィンテージ家具を探し回って、サイズもぴったりなものに巡り合えました。その隣には桜やドウダンツツジなど季節の植物を。外出前や帰宅時に目に入ると癒やされます。

玄関横の窓辺には、キャンドルやドライの植物をレイアウト。深い色味の木でできたキャンドルスタンドをはじめ、マットな質感とくすんだ色味で統一しました。古い家ならではの落ち着いた雰囲気にマッチするかどうかを、インテリア選びの軸にしています。

1

細かな装飾が愛おしい
レトロなシューズボックス

木の色味や質感、扉や取っ手に施された細かい装飾がかわいい靴箱。古道具屋さんのWebサイトで見つけて、すぐに現物を見に行き、購入しました。

靴箱の上は、お財布やカギの置き場に。フレグランスやお気に入りの雑貨も並べています。

2

雑貨のレイアウトは
並びのリズムを意識する

雑貨が淡々と並ぶ様子が好きで、窓辺のレイアウトも真っすぐ均等に。このリズム感が、空間の静けさとマッチしていて落ち着くのかもしれません。

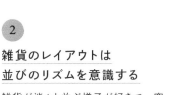

ENTRANCE HALL

CASE 3

chaco's HOUSE

玄関も部屋と考えて
コーディネートを楽しむ

我が家の玄関は、2階の居住スペースから階段を下りた先にあります。広さは、土間も合わせて13㎡ほど。玄関を出入りするだけの場所にするのはもったいないと思ったので、空間を広くとって、上着をしまうクローゼットとペットの部屋をつくりました。

明るい色の木材と白い漆喰の壁のナチュラルな雰囲気に合わせて、インテリアも自然素材のカゴや木製のもので統一し、観葉植物をアクセントに。土間の柱はDIYで板をつけてキャットタワーにしています。日当たりのいい窓辺に置いたラタン素材の小さなイスは、日向ぼっこできる特等席です。

1

実用性はもちろん
雑貨を飾る場所としても

アンティークのウォールハンガーは、カバンや上着をかけたり、雑貨を飾る場所として使っています。右から2番目の小さなカゴはマスク入れです。

2

壁面に収納して
来客からは見えにくく

土間の壁は一部が空洞になっていて、ペットのトイレ置き場にぴったり。トイレはインテリアになじむように、色が白でシンプルなものを選びました。

3

雑貨店のように
見せる収納を楽しむ

玄関を上がったところには、よく使う靴やアクセサリーなどを置くシェルフを設置。カゴや雑貨も飾って、雑貨店のようにレイアウトしています。

ENTRANCE HALL

CASE 4

Nana's HOUSE

明るい色と便利グッズで
おしゃれにスッキリと

玄関は白や生成りなどのナチュラルカラーと、木目調のインテリアで統一しています。狭い空間なので、明るい色を使って視覚的に広く感じるように工夫しました。傘立てや靴ベラなど置き場のないものは、すべてマグネットで扉に貼りつけています。

玄関から入って真っ先に目に入る廊下には、プラントスタンドとお気に入りのポスターを額に入れて飾りました。猫が外に出るのを防ぐフェンスも、空間の雰囲気に合うように木目調のものをセレクト。玄関マットは、曲線的なシルエットと淡い色味が韓国っぽくてお気に入りです。

便利グッズで
収納力をアップする

シューズクローゼットの中は、1足分のスペースに2足しまえるグッズを使っています。収納力がアップする＆取り出しやすいのでオススメです。

①

外出時の必需品は
扉にマグネットで設置

キーケースとマスク入れは、外出時に忘れないように、扉の目につきやすい場所にマグネットでつけています。これも白×木目調のものを探しました。

③

縦の空間を活用して
おしゃれに飾る

角に置くのにぴったりな3連のプラントスタンドは、空間を立体的に使えて置くだけでおしゃれに見えるアイテム。飾るもののサイズも上から大中小と差をつけて、メリハリを強調しています。

インテリア好きに聞いた 本当に買ってよかったもの

こだわって選んだものたちの中でも、
特に「愛着」のあるインテリアを教えてもらいました。

Item **1**

くま

@arabesque0525

オーダーメイドソファ（SWITCH）。理想だった
コーデュロイ素材でL字型、かつアームテーブ
ルがつけられ座り心地も使い勝手も最高です。

Item **2**

akane　@akn.myhome

プラントボックス（ferm LIVING）。観葉植物
だけでなく、雑貨など何を飾ってもかわいくな
る魔法の場所だと思っています。

Item **3**

Kaori　@hibiiro

コットンブランケット(bastisRIKE)。シンプルな
柄と大き目のサイズ感がお気に入り。家族と一
緒にくるまって、映画を見る時間が幸せです。

Item **4**

aki

@aki_egg_room

OLD ASHIBAシリーズの机（WOODPRO）。生
活に合うサイズでオーダーしました。木目の肌
触りが柔らかくてついなでたくなります。

CHAPTER 7

ワークスペース

最適なデスクの置き場所やサイズ感は、
実際に作業してみないとわからないものです。
はじめはいろいろ試しながら、
自分にとって丁度いい空間をつくっていきましょう。

ワークスペースの基本ポイント

在宅勤務が増えて、グッと重要性が高まったワークスペース。
集中して仕事に取り組むには、環境づくりが大切です。
ワークスペースに必要な家具と空間のつくり方を紹介します。

POINT 1

使いやすい家具を揃える

ワークスペースに必要な家具は、デスク・チェアと資料や文房具をしまう本棚などの収納です。これらは新しいものを購入する前に、使用期間を考えてみましょう。もし在宅勤務が一時的なら、持っている家具を代用できるかをまず検討します。家具を買い足す場合でも、折り畳み式でコンパクトにしまえるものが便利です。長期的に在宅勤務をするなら、使いやすさや座り心地にこだわったものを用意すると、仕事のやる気にもつながります。

[デスク・チェア]

デスクのサイズは、大きめのパソコンを使う場合、奥行き70cm×幅120cm程あると作業しやすいです。小型のパソコンでのメールチェックや資料の閲覧・作成のみの場合は、60cm×100cm程度でも快適に作業できます。チェアは長時間座る場合、高さ調節やリクライニング機能が搭載されているものがオススメ。素材の通気性や座面のクッション性も確かめてから購入しましょう。

[本棚（収納）]

仕事に使う資料に合った高さや奥行きのものを選びます。持っている収納を整理して資料用に使い回したり、ブックエンドでデスクの上にスペースを設けるのも◎。文房具は見た目がカラフルなものが多いので、中身の見えない入れ物にまとめると見た目がスッキリします。余裕があれば好きな香りや観賞植物を置いて、癒やしの要素も取り入れましょう。

空間を有効活用する

ワークスペースは、専用の部屋を用意しなくてもつくれます。育児や家事をしながら作業を進めたい場合は、リビング・ダイニングの一角を利用するのが効率的。しっかり集中したいなら、押し入れやクローゼットを開放して、ワークスペースにする方法があります。押し入れは中板をそのままデスクとして活用し、クローゼットは中に家具を設置。どちらも壁に囲まれているので集中しやすく、使わないときは扉を閉めて隠せるというメリットがあります。

リビング・ダイニングに設置	収納スペースに設置

Photo by くま (P.112)

Photo by tomo (P.56)

デスクを壁に向けて置くと、部屋の様子を感じながらも、集中して作業を進めることができます。ダイニングテーブルを活用するなら、キャスターつきのラックを用意して資料や文房具をまとめておくと、作業中に取り出しやすく片づけもラクです。

押し入れの中板は一般的なデスクより少し高い位置にあるので、チェア選びには注意が必要です。クローゼットのサイズに合うデスクがない場合は、同じ高さの収納棚を2つ並べて上に板を置くと、簡易的なデスクとして活用できます。

MEMO	息抜きアイテムで仕事がはかどる	デスクの近くにお気に入りのポストカードやポスターを飾ったり、フレグランスやハンドクリームなどを用意したりすると、ちょっとした息抜きになって仕事が楽しくはかどります。

WORK SPACE

CASE 1

Misa's HOUSE

畳んでしまえて移動も簡単。
暮らしに合わせて柔軟に

自宅で執筆などをすることが増えたので、リビングの一角にワークスペースをつくりました。デスクはデザインにこだわりたかったのですが、リビングに置いて邪魔にならないかが心配で……。ひとまずお試しで安くて使わなくなったら折りたたんで収納できるものを購入しました。

部屋に設置してみると、キッチンカウンターの段差がパソコンを置くのに丁度よく、デスク上のキーボードで操作するスタイルに。目線が下がらないので、猫背防止になります。デスクが軽くて簡単に動かせるところも、模様替え好きの私には好都合です。

一目でものの場所が
把握できて効率アップ

正面の壁に有孔ボードをつけ
て、カレンダーや細かい文房
具をかけています。クリップで
手帳を開いて固定すれば、予
定の確認もスムーズです。

省スペースで機能的な
デスクまわりの収納

タブレットはブックエンドで立
てて収納。スリムな引き出しは、
筆記用具をしまうのに便利で
す。その上の箱は、ゴミ箱と
して活用しています。

WORK SPACE

CASE 2

Hanamori's HOUSE

海外のアトリエのような ゆとりある空間に憧れて

家の中で一番日当たりのいい部屋が私のワークスペースです。明るい場所で仕事がしたいので、光を遮るカーテンはつけずに、マルチクロスをクリップでとめて代用しています。

デスクは一人暮らしのときのダイニングテーブルを使っていますが、天板が白くて、もっとサイズが大きいものを探し中。海外のアトリエのように、広いデスクを贅沢に使って作業するのが夢なんです。デスクライトは、好きなデザイナーさんが愛用しているものを真似して買ってみました。長い時間を過ごす部屋だから、妥協せずに憧れを形にしていきたいです。

上段は好きなものを飾るスペース。中段の箱には
文房具を入れて、見た目をスッキリさせています。

キッチンワゴンを
デスクまわりの収納に

サイドシェルフとして使っているのは
業務用のキッチンワゴン。本来の用途
と違いますが、メタリックな素材感・
大きさ・形が気に入っています。

デスク上はミニマルに
仕事がはかどる工夫も

電子機器はシルバーで統一。モニター
の下にある「お仕事がんばるぞBOX」
には、いい香りのハンドクリームなどの
息抜きグッズを入れています。

美容意識がアップする
窓際ドレッサー

在宅ワークでも仕事前には軽くメイク
をするので、窓際に真鍮の鏡とコス
メを置いています。自然光で肌の調
子がよくわかるので、以前より美容
に気を使うようになりました。

WORK SPACE

CASE 3

chaco's HOUSE

テイストを超えて楽しむ
自由なインテリア

楽曲制作のために、夫婦で共用しているワークスペース。リビングにあるこのデスクで、主に夫が編集作業をして、私はダイニングで作詞をするのがいつものスタイルです。

デスクはダイニングテーブルとして買ったもので、小さな引き出しの中には文房具をしまっています。アンティークの木の質感や深い色味が、リビングの家具とも相性がいいです。

ワークスペースの近くには、ビカクシダという観葉植物やガーランドなどを吊るして楽しい雰囲気に。配線はごちゃごちゃしないように、デスクの下に置いたカゴにまとめています。

1
後ろから眺めたくなる
お気に入りのチェア

デスクとチェアは別々で買った
ものですが、色や素材感がぴ
ったり。背もたれのデザイン
が好きなので、リビングから見
える配置にして正解でした。

2
ミスマッチも楽しんで
個性的な空間に

作業中に見ると元気が出る鳥
のオブジェ。シックな純喫茶
風のリビングには合いませんが、
ミスマッチな感じが逆におもし
ろくて愛着が湧きます。

モチベーションが上がる ワークスペースのつくり方

自宅での仕事はなかなか集中力が続かないもの。
効率をアップするワークスペースづくりのポイントを紹介します。

Point 1

aki
📷 @aki_egg_room

集中するために他の空間よりものを少なくして
います。地球儀や虹のネオン管など好きなも
のを置いて、気分転換できる工夫も大切です。

Point 2

Yasu
📷 @yasuoromen

縦方向の整理を意識することで使い勝手をよ
くしています。仕事中でも外の景色を感じられ
るように、自然の絵を飾りました。

Point 3

くま
📷 @arabesque0525

有孔ボードと収納型の照明で、機能性とスッキ
リした見た目を両立。ボードには家計簿や文
房具をかけて手に取りやすくしています。

Point 4

kaori 📷 @hibiiro

手に取りやすい飾り棚の下段にはよく使う実用
的なものを、上段には木・ガラス・白・黒・
金で統一した雑貨を飾っています。

It's a comfortable space...
We can relax.

おわりに

暮らしを楽しむ4名に、
部屋づくりのアドバイスをいただきました。

MESSAGE from
Hanamori

アイテムの値段や人気にかかわらず、自分が持っていて心地よいものだけを集めていけば、自然と居心地のいい空間ができていくと思います。自分の好きなものやこだわりを見つけるには、定期的に断捨離をしてみるのがオススメです。季節ごとでもよいので、インテリアや服を「お気に入りのもの」と「そうでないもの」にわけてみる。少しずつ変化する自分の好みや価値観に寄り添って、部屋づくりを楽しんでください。

MESSAGE from
Misa

家族で暮らす家だから、みんなが心地よい空間であることが一番だと考えています。部屋づくりの過程で家族にも意見を聞いて一緒に進めていくのは楽しいですし、いいコミュニケーションの機会です。試行錯誤を繰り返して、部屋と家族が一緒に年を重ねていくのが理想だと思います。また、自分の心に興味を持って好みを知ることも大切です。何かを見て心が動いたときに「自分はどこにときめいたのか」を掘り下げてみるといいかもしれません。

MESSAGE from
chaco

インテリアショップで見たときは「か
わいい！」と思ったのに、家に置い
てみるとなんだか合っていない……。
そんなことを私は何度も経験しました。
部屋づくりで大切なのは、どんな雰
囲気の場所で、どんな風に過ごした
いかイメージを膨らませることです。
単体ではかわいいけど、果たして空
間のイメージにマッチするものなのか。
一度立ち止まって考えることが、理
想のお部屋を実現する近道なんじゃ
ないかなと思います。

MESSAGE from
なな

統一感のあるコーディネートを目指
すなら、Instagramでお部屋のアカ
ウントをたくさん見て、自分の好みを
知ることが第一歩です。その上で「淡
い色味」や「木目調」「丸いフォル
ム」など具体的なキーワードを決めて、
欲しいものが目指すテイストに合って
いるかを判断しましょう。もの選びの
軸ができれば、ブランドに縛られず
インテリアの組み合わせを自由に楽
しんで、自分だけの特別な場所をつ
くれるはずです。

お気に入りが見つかるショップリスト

部屋づくりにこだわりを持つみなさんに聞いた、
素敵なインテリアに出会えるお店を紹介します。

❶

韓国インテリア好きは要チェック！

Little Rooms

RECOMMENDED by akane

韓国ブランドの新商品が次々に販売されるのでいつもチェックしています。「韓国×北欧インテリア」好きにオススメです。

 @akn.myhome

DATA:
https://littlerooms.jp

❷

オーダーメイドも可能な暮らしに寄り添うお店

WOODPRO

RECOMMENDED by aki

木材だけで作られた家具を探してたどり着いた、古材商品を扱うお店。机とテレビボードをオーダーして愛用しています。

 @aki_egg_room

DATA:
https://www.woodpro21.com/
広島県廿日市市峠245-33
☎0829-74-3714（平日8:00〜17:00）
※Webからのご注文、メールは24時間受付

❸

シンプルで質のいいインテリアが揃う

無印良品

RECOMMENDED by tomo

大型家具を買うときは、必ずチェックします。和室にも合う木材を使ったシンプルなデザインで、飽きずに使い続けられます。

 @__to.m.ooo_____

DATA:
https://www.muji.com/jp/ja/store
東京都中央区銀座3-3-5
☎03-3538-1311
11:00〜21:00

❹

機能的でおしゃれな北欧雑貨が豊富

scope

RECOMMENDED by kaori

ビビッとくるものが見つかるお店です。つい買い物をしてしまったり、さらに追加で買いたくなったりするものが多いです。

 @hibiiro

DATA:
https://www.scope.ne.jp/

5

かっこいいライフスタイルをサポートするお店

PACIFIC FURNITURE SERVICE （PFS）

RECOMMENDED by Yasu

こだわりのものを揃えているショップ。DIY
目的のツールを探すときやテーブルセッティ
ングのディスプレイはとても参考になります。

 @yasuoromen

DATA:
https://www.pfsonline.jp/
東京都渋谷区恵比寿南1-20-4
☎03-3710-9865
平日12:00-19:00／土日祝日11:00-19:00
（火曜日定休）

6

生活をより豊かにするアイテムが見つかる

LAND Lifestyle Shop

RECOMMENDED by くま

個性的でかわいらしい商品がたくさん揃っ
ているショップです。照明など一目惚れをし
て購入したものも結構あります。

 @arabesque0525

DATA:
https://www.landtokyo.com
東京都国分寺市本町2-2-1 EAST201-1
☎042-349-6955
11:00〜19:00(不定休)

7

自分らしくかっこいい部屋づくりを実現

JOURNAL STANDARD FURNITURE

DATA:
https://baycrews.jp/brand/detail/js-furniture
東京都渋谷区神南1-20-13 B1F・1F・2F
☎03-5720-1071
平日11:00〜20:00／土日11:00〜19:00

8

トレンドのアイテムが気軽に手に入る

LOWYA

DATA:
https://www.low-ya.com/

9

国内外から厳選された上質な家具に出会える

IDC OTSUKA

DATA:
https://www.idc-otsuka.jp/
東京都江東区有明3-6-11
東京ファッションタウンビル 東館(入口3階)
☎03-5530-5555　10:30〜18:30

10

機能的でリーズナブルなインテリアが魅力

ニトリ

DATA:
https://www.nitori-net.jp/ec/
東京都北区神谷3-6-20
☎0120-014-210(固定電話)
☎0570-064-210(携帯電話)　10:00〜20:00

デザイン	平田頼恵（cinta.）
イラスト	oyasmur
校正	菅野ひろみ
編集協力	塚本佳子
編集	伊澤美花（MOSH books） Natsumi.S（マイナビ出版）

暮らしを楽しむ部屋づくりとインテリアの見本帖

2023年2月25日　初版第1刷発行

著者	Misa、Hanamori、chaco、なな
発行者	角竹輝紀
発行所	株式会社マイナビ出版

〒 101-0003
東京都千代田区一ツ橋 2-6-3　一ツ橋ビル 2F
TEL　: 0480-38-6872（注文専用ダイヤル）
　　　　03-3556-2731（販売部）
　　　　03-3556-2735（編集部）
e-mail: pc-books@mynavi.jp
URL　: https://book.mynavi.jp/

印刷・製本　中央精版印刷株式会社

〈 注意事項 〉

●本書の一部または全部について個人で使用するほかは、著作権法上、著作者および株式会社マイナビ出版の承諾を得ずに無断で複写、複製することは禁じられております。●本書についてのご質問などございましたら、上記メールアドレスにお問い合わせください。インターネット環境のない方は、往復葉書または返信用切手、返信用封筒を同封の上、株式会社マイナビ出版編集第2部書籍編集1課までお送りください。●乱丁・落丁についてのお問い合わせは、TEL: 0480-38-6872（注文専用ダイヤル）、電子メール : sas@mynavi.jp までお願いいたします。●本書の内容の正確性には充分注意を払っておりますが、万が一誤りがあった場合でも、本書に掲載されている情報によって生じた損害に対し、当社は一切の責任を負いかねます。

定価はカバーに記載しております。